북한 아파트의 정치문화사

: 평양 건설과 김정은의 아파트 정치

전영선 지음 | **건국대학교 통일인문학연구단** 기획

이 책은 2019년 대한민국 교육부와 한국연구재단의 지원을 받아 수행된
연구임 (NRF-2019S1A6A3A01102841)

북한 아파트의 정치문화사

: 평양 건설과 김정은의 아파트 정치

전영선 지음 | 건국대학교 통일인문학연구단 기획

경진출판

아파트는 남북을 통틀어 가장 보편적인 주거수단이다. 의, 식, 주 중에서 전통문화와 가장 이질적이면서도 남북 사이의 가장 공통적인 요소가 되었다.

한반도에 아파트가 처음 들어온 것은 일제강점기였다. 사람들이 도시로 몰려오면서, 아파트는 인구가 집중된 도시의 주거 문제를 해결해 줄 것으로 기대되었다. 하지만 정서에도 맞지 않았고, 기술적인 한계도 있어서, 큰 주목을 받지는 못하였다.

아파트가 본격적으로 건설되기 시작한 것은 전쟁 이후였다. 아파트를 중심으로 도시를 기획해야 했던 상황은 남과 북, 서울과 평양이 다르지 않았다. 전쟁으로 많은 것이 파괴되었다. 전쟁으로 폐허가 된 서울과 평양으로 사람들이 몰려들었다. 당장에 비를 피할 공간이 필요했다.

제한된 면적에 다수가 거주할 수 있는 아파트의 장점을 외면할 수 없는 상황이었다. '자고로 사람은 땅을 밟아야 한다'는 정서와 맞지 않아도 어쩔 수 없었다. 비바람을 가리고, 먹고 누울 수 있는 집이 필요하였다. 남북은 주택난 해결에서도 유리하고, 생활에서도 편리한 아파트에 주목했다.

폐허가 된 땅 위에 아파트가 세워지기 시작했다. 아파트 건설은 체계 경쟁과 맞물려 진행되었다. 남북은 빠르고, 높고, 화려한 아파트를 경쟁적으로 내세웠다. 이렇게 아파트는 남과 북에서 가장 보편적인 주거로 자리 잡았다.

시간이 흐르고, 아파트 건설 기술이 발전하면서, 남북에서 아파트는 점차 대중화되고 고급화되는 방향으로 나아갔다. 아파트 건설의 속도와 높이, 그리고 화려한 외형은 주거를 넘어 서울과 평양으로 대표된 남북한의 경제 발전과 성장을 의미하는 상징이 되었다.

아파트에 대한 정서도 달라졌다. 아파트가 처음 건설되었을 때만 해도 전통적 정서와 맞지 않는다는 이유로 거부되기도 하였다. 기술 개발로 전통 주거 양식을 아파트에 접목할 수 있게 되었다. 대표적인 기술이 온돌식 난방이었다.

온돌을 아파트에 접목한 온수난방을 개발하면서, 서구의 라디에이터 방식과 다른 좌식문화의 전통을 살렸다. 그리고 다목적 공간으로서 부엌의 기능을 살리면서 거실과 연결하였다. 주방에는 동시에 여러 가지 음식을 할 수 있도록 화구(火口)를 여러 개 만들고, 식생활과 관련하여 식기(食器)와 저장 음식을 보관할 수 있는 수납공간과 다용도실을 확보했다. 필수품이 된 김치 냉장고 공간도 고려하였다.

온돌식 난방은 남북의 아파트에 적용된 생활문화의 전통이다. 한반도는 겨울이 길다. 차이가 있기는 하지만 추운 겨울을 보내야 하는 상황에서 난방은 남북의 주거에서 필수적인 요소였다.

초기의 아파트는 서양식 아파트처럼 공기를 덥히는 라디에이터를 이용하였다. 라이에이터 방식은 신발을 신고 의자에서 생활하기에는 적합할지 몰라도, 앉거나 누워서 생활하기에는 적절하지 않았다. 남북에서 공통으로 온돌식 난방을 도입하였다. 바닥 자체를 덮이는 온돌을 현대적인 방식으로 도입하면서, 신발을 벗고, 앉아서 생활할 수 있게 되었다. 좌식 생활 문화의 전통이 아파트 난방을 온돌식 난방으로 바꾼 것이다.

북한의 아파트에서도 온돌은 중요한 문제였다. '주택 건설에서 온돌을 어떻게 설치할 것인가'는 민족 전통을 지키는 문제였다. 온돌식 난방 이후 명절이나 가족 행사에 손님이 오면, 친소에 따라 응대가 달라졌다. 공식적인 손님이 오면 의자에 앉아서 차를 마시거나 간단한 담화를 나누었다. 가깝고 친한 손님이 오거나 오래 이야기를 나누게 되면 바닥에 앉는 방식으로 좌식 문화의 전통도 이어가고 있다.

남북에서 아파트는 '아파트'라는 형식적인 공통성을 제외하고는 사회적 위상과 의미를 비롯한 문화적 맥락은 전혀 다르다.

북한에서 아파트는 사회주의 제도의 우월성을 과시하는 '당의 은정'이자 집단적 공통성을 의미한다. 남한에서 아파트는 주거에서 재테크를 상징하는 대상으로 자리 잡았고, 공동체보다 개별성이 강한 주거가 되었다.

김혜순 시인은 이웃집 사람이 죽어도 '나 몰라라' 하는 아파트 생활을 〈남과 북〉으로 표현하였다. 옆집에 사람이 죽고, 벽 하나를 사이에 두고 있어도 아무렇지도 않게 벽을 사이에 두고 자리에 눕고, 호수(号数)가 다르다는 이유로 문상도 가지 않고, 옆집 아이들을 보아도 모른 체하는 아파트 생활이 남북의 현실과 닮았기 때문이다.

건국대학교 통일인문학연구단에서는 남북 주민의 소통을 위한 '생활문화' 시리즈를 발간하고 있다. 남북의 언어, 북한의 여성, 북한의 일상, 북한의 체육 등의 시리즈를 통해 이해의 길을 모색하고 있다.

'북한의 아파트'는 북한 주민의 일상공간이자 정치, 경제, 문화가 교차하는 공간이다. 북한에서 아파트가 어떤 의미를 갖고 있는지, 어떻게 아파트를 개념하고 있는지를 통해, 남북의 소통 방향을 모색하고자 기획하였다. 이 책이 남북 소통을 위한 징검다리가 되기를 기대한다.

어려운 환경에서도 출판해 주신 경진출판 대표와 편집을 위해 수고해 주신 편집부 관계자분께 감사드린다.

2022년 4월

전영선

차례

제1장 북한 아파트 역사와 문화

1. 남한 '아파트'와 북한 '아빠트'

북한 사람들이 가장 많이 거주하는 주거 형태는 '아파트'이다. 정확히 말하면 '아빠트'이다. 표준어인 '아파트'가 휴전선을 넘으면, 문화어인 '아빠트'가 된다.

'아파트'는 외래어이다. 사전적인 의미로 아파트는 독립적으로 거주하는 공동주택이라는 뜻이다. 공동 거주 형태인 아파트의 기원으로는 '인슐라(insula)'가 있다. '인슐라(insula)'는 고대 로마 시대에 도시로 인구가 집중되면서 택지가 부족해지자 주거문제를 해결하기 위해 만들어진 공동주택이다. 요즘과 같은 아파트는 아니고 "여러 채의 단위 주택들이 연속적으로 배열된 집합주택으로서 5~6층의 규모에 1층에는 상점, 2층 이상은 임대주택으로 구성"된 집합주택이다.[1]

고대 로마 시대에도 집이 부족했다니! 놀랍기는 하지만 넓지 않은 도시에 사람들이 모이면서, 주택문제가 가장 큰 문제였을 것이라 짐작해 본다. 하지만 '인슐라'는 말과 '아파트'라는 말 사이에는 상당한 거리가 있어 보인다.

인슐라가 공동주거 형태를 의미한다면, 아파트라는 말은 어디서 왔을까? 현재 우리가 쓰고 있는 '아파트'라는 말은 프랑스어에서 왔다. 19세기 초 산업혁명을 계기로 유럽의 대도시에 급속히 인구가 증가되었고 주거시설의 확충을 위해 대규모로 아파트가 건설되었는데, 궁전이나 대저택의 독립된 생활공간을 의미하는 불어 아파르트망(appartement)이 '아파트'의 기원이라고 한다.[2]

---

1) 강병영, 「우리나라 초기 아파트의 특성에 관한 연구」, 서울시립대학교 석사논문, 2010, 10쪽.
2) 강병영, 「우리나라 초기 아파트의 특성에 관한 연구」, 서울시립대학교 석사논문, 2010, 10쪽.

아파트의 사전적 의미를 살펴보면, '아파트(apartment house)'란 한 개 이상의 단위 세대(dwelling unit)가 모여 있는 건축물을 의미한다. 대부분이 주거용으로 설계되지만 때때로 상가나 그밖에 비주거용 특징을 포함하기도 한다. '건축용어 대사전'에서 아파트는 "공동주택의 통칭으로서 미국의 '아파트먼트하우스(apartment house)'의 약칭이고 영국에선 '플랫츠(flats)'라 한다. 동일 건물에 다수가족이 구획을 따로 하고, 거주 할 수 있게 여러 층(방)으로 만든 건물로서 2호 이상의 주택이 집합하여 홀, 계단, 복도 등을 공유하는 공동주택"으로 정의한다.

여기서 '공동주택'이라 함은 다양한 의미가 포함되겠지만 여러 세대가 공동으로 거주하는 주택을 말한다. 또한 '아파트는 하나의 건물 내에 다수의 가구가 거주할 수 있도록 건축되어진 5층 이상 영구 건축물로서 원칙적으로 한 가구가 살 수 있도록 구조적으로 분리되고 독립된 주거'라고 설명한다.[3]

'아파트'의 문화어인 '아빠트' 역시 외래어이다. 북한의

---

3) 강병영, 「우리나라 초기 아파트의 특성에 관한 연구」, 서울시립대학교 석사논문, 2010, 12~13쪽.

문화어 문법에서는 외래어를 두 가지로 구분한다. 하나는 '글말(문어)을 통해서 들어온 말' 외래어이고, 다른 하나는 '입말(구어)을 통해 들어온 말'이다. '아빠트'는 '잉크', '샤쯔' 등과 같이 '입말을 통해서 들어온 외래어'의 하나이다.[4)]

'아빠트'는 '살림집'의 한 종류이다. 살림집은 집을 용도에 따라서 구분하는 것이다. '살림집'은 살림을 하기 위해 지은 집이다. 살림집 말고 어떤 집이 있을까? 집은 여러 가지고 있가. '국수집'도 있고, '려관집', '빨래집'이 있다. '살림집'은 살림을 위한 집이고, '국수집'은 국수를 파는 집, 즉 식당이다. '려관집'은 여행객을 위한 숙박을 목적으로 하는 집이고, '빨래집'은 빨래하는 집이다.

살림집에는 어떤 것이 있을까? 살림집은 구조와 모양에 따라 구분한다. 살림집에는 '송림식아빠트, 중간복도아빠트, 고미집, 누게, 다락집, 단간집, 단층집, 두간집, 배집, 삿갓집, 탑식아빠트, 외랑식아빠트, 칠양집, 통간집, 팔작

---

4) 리갑재, 「각이한 언어에 왜 같은 말이 있게 되는가?」, 『문화어학습』 1980년 4호: "단어는 글말을 통하여 퍼질수도 있고 입말을 통하여 퍼질수도 있다. 우리 말에 들어온것만 보아도 '아삐아, 알카리, 콤뮤니케'는 글말을 통하여 들어온것이며 '잉크, 샤쯔, 아빠트'는 입말을 통하여 들어온것들이다."

집, 평집, 포집, 뾰족집, 오량집, 외통집' 등이 있다.5)

북한의 주택은 일반적으로 "방, 부엌, 변소, 창고, 베란다
(아파트인 경우)로 구성되며, 특별한 경우에 전실이 추가되
는 것으로 구성한다".6) '아빠트'가 붙은 살림집은 다수가
거주하는 공동주택으로 형태에 따라 구분한 것이다. 이를
테면 '송림식아빠트'는 주로 지방소도시와 협동농장에 건
설되는 일종의 연립주택과 비슷한 형태의 주택이다.

2. 문명화된 생활을 보장하는 '문화주택'

살림집의 형태로는 '아빠트'와 함께 주거를 대표하는 '문
화주택'이 있다. 문화주택은 집의 형태나 구조에 따라 분류
한 것이 아니라 문화적인 생활이 보장된 주택이라는 의미
이다. 문화주택은 이전에는 누리지 못했던 풍족하고 문명
한 삶을 누릴 수 있는 주택을 의미한다.

---

5) 「집의 이름 몇가지」, 『문화어학습』 1981년 2호.
6) 서우석, 「북한의 주거실태와 주택정책에 대한 평가」, 『건축사』 2000년
4호, 77쪽.

북한에서는 도시와 농촌에서 새로운 시대에 맞추어 '사회주의 건설의 요구와 시대적 미감에 맞게 지어진 주택'을 의미하는 용어로 폭넓게 사용한다. 실제로는 도시 중심지보다는 도시의 외곽이나 농촌의 주택에 더 많이 사용한다. '농촌도 도시 못지않은 문화생활을 할 수 있게 되었다'는 것을 부각하기 위해서 문화주택이라고 많이 부른다.

정리하자면 문화주택은 특정하게 규정된 주택을 의미하기보다는 새로운 시대에 맞추어 문화적인 생활이 보장된 형태의 주택임을 강조하는 개념이다.

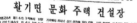

문화 주택 건설을 소개한 『로동신문』, 1958.3.23.

시기별로 문화주택의 개념과 의미에서 차이가 있다. 보다 폭넓은 의미로 문화주택은 현대적인 형태로 지어진 도시와 농촌의 살림집으로 단독주택을 아우르는데, 농촌에 세워진 살림집을 의미하는 경우가 더 많다.

문화주택이 농촌의 주택을 의미하게 된 것은 농업 협동화와 관련 있다. 1950년대 말 착취사회의 산물인 초가집, 토막집을 없애고, 새롭게 주택을 건설하면서 일제강점기의 주택과 대비되는 주택, 문명한 사회주의적 거주공간을 의미하는 '문화주택'이라고 하였다.

문화주택은 도시보다는 농촌을 중심으로 건설되었다. 1960년대 초반부터 강하게 추진한 농업 협동화를 통해 사회주의가 정착하면서, 자본주의와는 다른 공동의 생활방식이 요구되었다. 개인적인 생산과 소비 활동이 낡은 생활방식으로 간주하였다. 개인 농업이 부정되었고, 집단농장으로 바뀌었다.

농촌의 생활 양식 또한 사회주의의 틀에 맞추어 개조해 나갔다. 집단농장에 맞는 집단생활이 강조되었다. 집단적 생활은 주거에도 반영되었다. 농촌에서도 표준화된 공동주택, 다층주택이 도입되었다. 다층주택을 도입하면서 개인소득의 원천인 텃밭을 축소하고, 집단적 생활에 적합한 거주환경을 만들어나갔다.

농업 협동화 사업에 맞추어 농촌에 집단 거주를 위한 '문화주택' 단지를 조성하는 사업이 전국적으로 시행되었다. 협동농장 단위의 공동경작을 기본으로 농민들의 생산 활동과 생활방식을 사회주의적으로 집단화하는 거대한 사회개조 사업이었다.[7)]

문화주택은 표준화된 형태의 단독주택으로도 건설되었는데, 나중에는 아파트에 가까운 공동 주거로 확대되었다. 1980년대 이전까지 북한 문헌에서는 다층 문화주택, 고층 문화주택 등의 용어를 복합적으로 사용하였다. '문화주택'은 새로운 시대에 맞추어진 주거를 의미하면서, 때로는 표준화된 단독주택, 소규모의 아파트와 혼용되어 사용하기도 한다.

북한 농촌의 주거는 단층 주택과 2층 주택이 주를 이룬다. 평야 지대를 중심으로 한 집단 거주 지역에서는 3~4층 이상의 다층주택도 볼 수 있다. 길게 늘어선 공동주택을 하모니카처럼 생겼다고 해서 '하모니카집'이라고 부르기도 한다. 방 하나 부엌 하나인 2칸 주택을 기본으로 하는데,

---

7) 정병호, 『고난과 웃음의 나라』, 창비, 2020, 328쪽.

북한의 단독주택과 복합주택

경우에 따라는 방 둘에 부엌 하나의 3칸 주택에 2세대가 동거하기도 한다. 북한 농촌에서 여러 세대가 함께 사는 주택이 건설된 것은, 농민을 공동 작업에 기반한 사회주의적 노동자를 만들기 위한 정책의 결과였다.

　도시와 농촌의 거주 형태는 분명하게 구분된다. 농촌의

북한 농촌의 주택

주거에서 찾을 수 있는 가장 큰 특징은 '텃밭'이다. 농촌 주택에는 일정 규모의 텃밭이 딸려 있는데, 텃밭에서 생산되는 것은 개인의 몫이다. 텃밭에서 얻어진 수확물은 농민시장에 팔 수도 있다.

3. 문화주택, 문화농촌의 삶

북한은 도시와 농촌의 격차가 상당하다. 특히 평양은 같은 북한인가 싶을 정도로 다른 지역과 차이가 크다. 상황이 이렇다 보니 평양과 농촌은 늘 비교 대상이 된다. 새롭게 개선된 농촌의 다층주택은 도시의 아파트와 비교되기도 한다. 농촌도 전기화, 기계화, 현대화가 이루어지면서, 농촌에서의 삶이 도시 못지않다고 선전한다.

정말일까?

당연히 그렇지 않다. 전 세계 어떤 국가도 그런 나라도 없다. 북한이 평등을 강조한다고 해서 도시에서의 삶과 농촌에서의 삶이 같은 것은 아니다. 도시의 처녀들에게 농촌도 살기 좋아졌으니, 농촌으로 시집오라고 노래도 만들고, 영화도 만들었다. 오미란 주연의 영화 〈도라지꽃〉과 보천

북한 영화 속의 농촌주택

보전자악단의 가요 〈도시처녀 시집와요〉는 살기 좋은 농촌으로 시집가서 농촌을 발전시키자는 영화와 노래이다.

2021년에 열린 조선로동당 제8차 대회에서도 농촌 건설 문제는 주요 의제의 하나였다. 대회 결론에서 "지금 농촌을 비롯한 시, 군 인민들의 생활이 매우 어렵고 뒤떨어져 있"다고 인정하기도 하였다.

김정은은 "지방경제를 발전시키고 지방 인민들의 생활을 향상시키는 데 주목을 돌리자고 합니다. 국가적으로 해마다 모든 시, 군들에 세멘트 1만씩 보장해주기 위한 사업을 강하게 추진하여야 합니다. 국가경제지도기관들에서는 시, 군이 자체의 경제적 토대를 원만히 갖출 수 있도록, 자기 지역의 특성에 맞게 발전하도록 특혜조치도 취해주면서 정확한 지도와 방조를 따라 세워야 하겠습니다"라고 하였다. '낙후한 지역 개발을 위해 별도로 특별회계를 편성하고, 군 단위로 시멘트 1만 톤을 보장하겠다'고 결정하였다.

2022년 1월에 있었던 제8기 제4차 전원회의는 이례적으로 정치적인 이슈, 대외적인 이슈 없이, 먹는 문제, 농촌문제만 가지고 진행하였다. 김정은은 '농촌문제 해결이 엄혹한 난국을 주체적 힘의 강화국면으로 반전시키고, 국가의 부흥발전과 인민의 복리 증진을 위한 중대한 혁명과업'이라고 지적하였다.

그리고 중장기적인 농촌발전 전략을 수립하여 식량문제를 완전 해결하고, 농촌의 생활환경을 개선할 것을 요구하였다. 협동농장의 국가 대부 미상환 자금을 전액 면제하는 특혜조치도 발동하였다. 국가에 대한 협동농장의 채무를 탕감하는 부채탕감 조치였다. 농촌에서의 삶이 어렵다는 것을 보여준다.

4. 도시로 향한 열망의 표상, '아빠트'

4.1. 아파트, 도시적 삶의 대명사

아파트는 도시적 삶을 대표한다. 전 세계 어느 곳에서도 아파트는 단순한 주거공간이라는 의미를 넘어선 현대적인 도시 삶을 대변한다. 대한민국 부동산 정책의 핵심도 아파트에 있다. 그만큼 도시 주거에서 차지하는 아파트의 비중이 높기 때문이다.

북한은 어떨까?

북한도 예외가 아니다. 북한에서 가장 많이 보급된 주거는 아파트이다. 전쟁 이후 평양 재건부터 시작하여 김정은 체제까지 주거 정책은 아파트에 맞추어져 있다.

대한민국에서 아파트가 다수가 거주하는 주거로 자리 잡으면서, 명품 아파트가 생겨났다. 어느 건설회사에서 지은 어디 아파트로 불리던 동네 아파트에 이름이 붙었다. 브랜드 아파트 시대의 탄생이다. 영어로 지어진 이름은 같은 회사에서 지은 일반 아파트와는 차별화된 명품 아파트였다.

북한에서도 브랜드를 내세운 아파트는 아니지만 이름으로 승부하는 명품 아파트가 등장했다. 북한에서도 지역별

평양의 일반 아파트와 고층 아파트

로 아파트 차이가 크다. 아파트라고 해서 같은 아파트가
아니다. 예전에 지어져, 공동 화장실을 써야 하는 아파트부
터 화려한 네온으로 장식한 초고층 아파트까지 다양하다.8)

---

8) 김대년·이기춘·이가영·이은영·이순형·박영숙·최연실, 「북한 주민의 주
거생활실태와 주거행동에 관한 연구: 탈북인 대상의 면접 및 설문조사
분석을 중심으로」, 『한국가정관리학회지』 제17권 4호, 한국가정관리학
회, 1999, 225쪽: "아파트는 북한에서 가장 많이 보급된 공동주택이지만
주거설비 수준에서 극심한 차이를 보이는 것이 특징이다. 예를 들면 사

려명거리 아파트나 미래과학자거리 아파트는 세계 최고 도시의 일부를 옮겨놓았다는 의미에서 '평양 맨해튼'으로 비교되기도 하였다.

북한 주민들이 선망하는 아파트는 최근에 지어진 아파트들이다. 최근에 지어진 휘황찬란한 아파트뿐만 아니라 평양에서 아파트에 거주한다는 자체가 선망의 대상인데, 평양의 고급아파트는 더더욱 선망의 대상이 아닐 수 없다. 아파트는 농촌과 대비되는 도시 생활 자체를 의미한다. 아파트는 농촌을 떠나 도시, 그 중에서도 평양에 살고 싶어하는 욕망을 대변한다.

4.2. '아빠트'가 선 땅을 찾는 처녀, 옥희

변영건의 소설 〈어머니는 동구밖에 서계신다〉(『조선문학』 2015년 11호)는 농촌을 버리고 도시에서의 삶을 지향하는 현실을 적실하게 보여준다.

기변기(수세식 화장실을 일컫는 북한 용어)에 온수가 공급되는 최고급 아파트부터 수돗물도 안 나오고 개별변소도 없어서 25가구당 1개가 배당되는 퍼내기식 공동변소를 사용해야 하는 아파트까지 그 수준이 다양하다."

〈어머니는 동구밖에 서계신다〉는 농업을 천직으로 알고 부모 때부터 살아온 농촌을 지키는 분녀라는 농촌 처녀의 이야기이다. 분녀는 '사람들이 곡식을 심어 가꾸는 이 땅에 들어서기는 저어하고(싫어하고)', '아빠트가 선 땅을 찾아가고 싶어'하는 현실 속에서도 꿋꿋하게 농촌을 지키는 모범적인 농촌 처녀이다.

그녀가 농촌에 남겠다고 결심하게 된 계기는 분녀의 '어머니'가 태어나던 날 있었던 수령님과의 인연 때문이었다. 어머니의 어머니 때 김일성가 만났었던 인연은 어머니와 분녀 자신으로 이어지면서, 김정일과의 약속으로 이어졌다. 그렇게 분녀는 대를 이은 최고지도자와의 인연을 지키고자 농촌에 남았다.

하지만 다른 사람도 분녀처럼 농촌을 지키고자 한 것은 아니었다. 협동농장 분조원 중에는 분녀의 동창 옥희라는 처녀가 있었다. 분녀와 동창생인 옥희는 농촌에 뿌리를 내리고, 열심히 살아가는 청년 명도와 깊이 사귀는 사이였다.

그런 옥희의 마음이 변했다. 농촌 청년 명도를 버리고 분녀의 협동농장으로 지원을 나온 "멀끔하고 훤한 도시 청년, 게다가 손풍금수에 기계대학 졸업생"을 따라가겠다고 나섰다. 옥희가 갑자기 도시 청년과 결혼하게 되었다는 사실을 알게 된다. 분녀는 분노하였다. 오랜 사랑을 배신하다니.

옥희를 찾아가 '사랑하는 사람을 버리고 갈 수 있느냐'고 따졌다. 그런 분녀에게 옥희는 '농촌이 싫어서 떠난다'고 당당히 말한다.

숨기지 않아. 농촌이 도시보다 못한 건 사실 아니니. 난 명도 동무에게도 숨기지 않았어. 생각해봐, 누군들 마다하겠어. 갈 수 있다면 그 동무도 가게 될게구 분녀 너도 그렇지 않아? 선택 앞에 진실하다면 아마 누구도 마다하지 않을 거다.[9][10]

옥희가 가고 싶어 하는 곳은 '아빠트가 선 땅'이었다. 옥희는 '누구도 마다하지 않을 거다'며 당당하게 말한다. '아빠트'는 농촌의 힘든 삶과 대비되는 도시의 세련된 생활을 의미하였다.

어떤 사람들은 제손으로 가꾸어 좋은 곳으로 만들어야 할 땅, 곡식을 심어가꾸는 이 땅엔 들어서기 저어하고 아빠트가

---

9) 북한 문건의 인용문은 표기는 문화어로 하면서, 띄어쓰기는 표준어 체계에 표기에 맞추었음. 이하 동일.

10) 변영건, 〈어머니는 동구밖에 서계신다〉, 『조선문학』 2015년 11호, 29쪽.

선 땅을 찾아가고 싶어한다. 그 땅이 귀해 목숨을 바친 사람들 세대에는 없던 일이다. 지금은 왜서 그런가. 생활이 펴이고 조금 잘살아지니 같은 땀도 곡식을 가꾸며 홀리기 싫어하는 사람들, 농촌에 사는 것을 부끄럽게 여기는 사람들이 생겨났다.11)

분녀의 어머니는 자기 손으로 가꿔야 할 땅을 버리고 도시로 가는 세태를 한탄한다. 소설은 도시로 향하는 욕망이 숨길 수 없는 현실이라고 말한다.

4.3. 농촌으로 가기 싫어 이혼한 여인, 양미영

김문창의 소설 『열망』에는 평양에서 곱게 자란 여인이 결혼한 다음 지방으로 배치된 남편을 따라가기 싫어서 이혼하는 대목이 나온다.

회남종합기계 공장의 기사장인 강형모에게는 강필훈이라는 아들이 있었다. 강필훈은 김책공대에서 기계제작을 전공하고 연구소에 책임연구사로 배치된 수재였다. 강필훈에게는 김책공대 다니면서 인연을 맺은 안명신이라는

---

11) 변영건, 〈어머니는 동구밖에 서계신다〉, 『조선문학』 2015년 11호, 22~23쪽.

여인이 있었다. 하지만 아들의 출세를 바라는 강필훈의 뜻을 따라 첫사랑을 버리고 중앙기관의 부총국장 양리찬의 딸 양미영과 결혼하였다.

양미경은 의대를 나와서 편하다고 소문난 호텔의사로 근무하는 전형적인 평양 처녀였다. 강필훈과 결혼하여 딸을 두었지만 강필훈이 회남기계공장으로 배치되자 '죽어도 평양을 떠나서는 살 수 없다'면서 버틴다. 결국 두 사람은 이혼한다.

"우리는 갈라졌습니다."

"갈라지다니?"

…

"죽어두 평양을 떠나 여기로 못 오겠다는 걸 어떻게 합니까. 그래서…."

강형모는 어이가 없어 더 말을 하지 않았다. 그는 평양을 떠나지 않겠다고 남편과 갈라서는 며느리도 그랬지만 그렇게 하는 딸을 그대로 내버려 두는 양리찬에 대한 분격이 치밀어 올라 손이 다 후들후들 떨렸다.12)

---

12) 김문창, 『열망』, 문학예술종합출판사, 1999, 172쪽.

도시 속에서 곱게 자라 의대를 나오고, 일이 힘들지 않은 고급 백화점의 의사로 배치되어 살던 양미경은 남편에게 '농촌으로 갈 수 없'다며 갈라질 것을 요구했다. 양미경의 부모도 딸이 농촌으로 내려가서 고생하는 것을 볼 수 없다면서, 딸을 부추긴다. 강형모는 시골을 무시하는 것에 대해 분노하였다. 화가 나서 참을 수 없었다. 하지만 어쩌랴. 이것이 현실이었다.

이처럼 아파트는 단순한 주택을 의미하지 않는다. 특히 평양의 고급아파트는 선망의 대상이다. 신분증으로도 구분된다. 북한 주민들은 공민증이 있다. 하지만 평양 시민들은 '시민증'이 있다. '공민증'과 '시민증'의 차이로 드러난다.

아무리 자기가 나고 자란 곳이 제일이라 해도, 제 손으로 가꾼 좋은 땅보다는 당의 은덕으로 배려받은 고급 아파트에 살 수 있는 도시를 더 선망한다. 아파트 중에서 어디에 거주하느냐는 곧 권력이 작동하는 수단이다.

평양의 중심부, 중구역의 고층아파트, 대동강변을 낀 강변 뷰가 있는 미래과학자거리, 사회주의 미래의 선경(仙境)으로 선전하는 려명거리 아파트는 최고지도자의 현지 지도와 은덕이 어린 성스러운 공간이 되었다. 국가에 의한 주거의 배분이 만들어낸 서열화된 공간이다.

5. 북한 부동산의 불법과 편법

5.1. 부동산 거래의 기준 '살림집법'

북한에서 부동산 매매는 가능한가? 가격은 얼마나 될까? 가능하다면 어떻게 할까? 어디 아파트를 사면 가격이 많이 오를까? 남한 사람들이 궁금해하는 것이다. 북한은 사회주의 계획경제라는데, 부동산을 거래하는 것이 가능할까? 의문이 들기도 한다.

정답은 '북한식'이다.

부동산 거래, 아파트 매매는 북한식으로 이루어진다. 원칙과 변칙이 있다. 원칙적으로는 아파트를 거래하는 것은 허용되지 않는다. 소유할 수 없다. 북한 헌법에는 모든 소유는 '국가와 사회단체'만이 가능하다고 규정하였다. 따라서 개인이 부동산을 소유하거나 거래하는 것은 모두 불법이다.

그런데도 왜 주택 거래가 가능하다고 말하는 것일까?

상황에 따라 융통성이 작동하기 때문이다. 결혼하거나 직장을 얻거나 직장을 옮기게 되면 새로운 집이 필요해진다. 이때에는 원칙적으로 국가에서 새로 집을 주거나 다른 집을 주어야 한다. 국가에서 주택을 배정한다고 하는데, 마음에 들지 않으면 어떻게 하고, 다른 곳으로 이사를 가면 어떻게 집을 구할까.

아파트 거래의 편법과 불법을 가르는 기준은 「조선민주주의인민공화국 살림집법」(이하 「살림집법」)이다. 「살림집법」은 2009년 1월 21일 최고인민회의 상임위원회 정령 제3051호로 채택하였다.

「살림집법」은 북한 정권 수립하고 60년이 지나서야 만들어진 주택법이다. 북한이 뒤늦게 「살림집법」을 제정한 것은 주택 부족으로 인한 여러 비사회주의 현상이 불거졌기 때문이다. 「살림집법」은 이를 바로잡기 위해서 재정하였다.

「살림집법」의 제1조 '살림집법의 사명'에서는 법의 제정 목적에 대해 "살림집의 건설, 이관, 인수 및 등록, 배정, 리용, 관리에서 제도와 질서를 엄격히 세워 인민들에게 안정되고 문화적인 생활조건을 보장하는데 이바지한다"고 하였다. '제도와 질서를 엄격히 세운다'는 목적을 뒤집어 보면 주택 질서가 분명하지 않았다는 것을 알 수 있다.

주택 부족 문제가 꽤나 심각했었던 1990년대 이후 이를 바로 잡고자 법을 새로 만든 것이다. 북한에서 주택 거래가

'가능하다', '불가능하다', '불법이다', '아니다'는 이야기가 생겨난 것도 기준이 명확하지 않았던 것도 이유의 하나이다. 「살림집법」은 2009년 1월에 제정되어서 2009년 8월, 2011년 10월, 2012년 11월, 2014년 7월에 개정하였다. 짧은 기간에 여러 차례 개정한 것은 법과 현실의 차이가 커서 현실에 잘 맞지 않았다는 것을 의미한다.

「살림집법」에서는 "국가소유살림집, 협동단체소유살림집, 개인소유살림집으로 나눈다. 국가는 살림집소유권과 리용권을 법적으로 보호한다"고 명시하였다. 규정한 살림집은 소유에 따라서 '국가 소유', '협동단체 소유', '개인 소유' 세 형태가 있다. 국가주택은 국가에서 관리하고, 개인주택을 개인이 관리한다. 개인이 만든 집도 국가주택으로 신고를 하면 국가 주택이 된다.

집을 지으려는 기관, 기업소, 단체에서는 "건설명시서의 발급, 건설설계 및 계획의 승인, 토지리용허가, 건설허가 같은 승인절차를 엄격히 지켜야 한다. 정해진 절차에 따르는 건설승인을 다 받지 않고는 살림집건설을 할수 없다"(제11조)고 규정하였다. 법적으로는 준공검사도 한다. 합격하면 합격통지서를 발급하고, 합격하지 못한 살림집은 지적사항을 고쳐서 준공검사를 받아야 한다.

부동산등록사업에서 나서는 문제

위대한 수령 김일성동지께서는 다음과 같이 교시하시였다.

《국가의 부동산에는 로지, 산림, 지하자원, 강하천, 도로, 항만, 주택, 공공건물, 공장건물, 공원, 유원지 등이 들어 갑니다.》

부동산에 대한 인식을 바로가지고 그 등록사업을 잘 하는것은 나라의 경제를 발전시키며 인민생활을 높이는 데서 매우 중요한 문제로 나선다.

우리 나라에서 기관, 기업소들은 여러가지 형태의 부동산을 등록하고 리용하면서 국가관리활동, 생산경영활동, 문화예술활동 등 다양한 활동을 한다. 우리 나라에서는 부동산을 국가적 리익의 견지에서 그리고 국토건설총계획과 기타 부문별 계획에 근거하여 승인등록해주고있다.

부동산리용허가를 받은 기관, 기업소들은 그 실정을 해당 기관에 등록한다.

부동산등록이란 부동산관리를 위해 그의 자리직위치, 상태, 현물량과 가격의 변동성형을 해당 등록대장에 정상적으로, 체계적으로 기록하는 사업을 말한다.

부동산등록을 잘하는것은 무엇보다도 부동산상태를 법적으로 고착시킴으로써 나라와 인민의 소유인 사회주의재산을 철저히 보호할수 있게 한다. 부동산등록을 잘하여야 부동산을 보호관리하는데서 기관, 기업소들의 책임성을 높이며 부동산을 잘 관리하기 위한 법적통제를 강화할수 있다.

부동산등록을 잘하는것은 다음으로 우리 나라의 로지, 자원을 비롯한 부동산물을 최대한 효과적으로 리용하도록 하는데서 중요한 의의를 가진다.

부동산을 등록하여야 국가의 부동산을 정확히 장악하고 그 리용에 대한 계획을 바로 세워 그것을 합리적으로 리용하도록 할수 있으며 나아가서 나라의 경제발전전략을 작성하는데서 선결조건을 마련해주게 된다.

부동산등록에서 중요한것은 우선 부동산등록기관을 바로 규정하는것이다.

부동산등록기관을 규정하는데는 여러가지 방법이 있다.

한가지 방법은 중앙으로부터 지방에 이르기까지 부동산관리기관을 내오고 그 기관이 부동산리용허가를 하는 동시에 그 실정을 등록대장에 등록하는것이다.

다른 한가지 방법은 부동산관리기관과 등록기관을 분리하고 부동산관리기관이 리용허가를 하고 등록기관은 그 실정을 체계적으로 등록하도록 하는것이다.

부동산등록에서 중요한것은 또한 여러가지 부동산형태들에 대한 등록책임과 한계, 등록내용을 바로 규정하는것이다.

부동산등록에서 중요한것은 또한 부동산리용기관들이 부동산리용목적이 달라졌거나 증가, 감소되였을 때 해당 부동산등록기관에 부동산변동등록신청을 하여 제때에 등록 또는 삭제하도록 하는것이다.

부동산은 현물과 함께 금액으로 등록한다. 부동산리용 기관, 기업소, 단체, 주민은 부동산을 처음 리용할 때, 부동산의 리용목적이 달라졌을 때, 리용하던 부동산을 다른 기관에 이관하였을 때, 리용자의 이름이 바뀌어졌을 때, 규모를 비롯한 해당 부동산의 등록내용에 변동이없을 때 부동산관리기관과 리용기관, 부동산등록기관에 따라 부동산등록기관에 등록 또는 변경등록을 하여야 한다.

우리는 부동산등록사업에서 나서는 문제를 잘 알고 이 사업에 힘을 넣음으로써 경제발전과 인민생활향상에 적극 이바지하여야 할것이다.

최성혁

「부동산 등록사업에서 나서는 문제」, 『천리마』 2001년 1호, 57쪽.

5.2. 주택 배정

북한에서는 집을 가지려면 집을 배정 받아야 한다. 「조선민주주의인민공화국 살림집법」에 의하면 살림집의 배정은 인민위원회와 해당 기관, 기업소, 단체가 한다.

집은 어떻게 배정하는가?

집을 배정받으려면 해당 기관, 기업소, 단체에 살림집 배정을 신청해야 한다. 일단 신청을 하면 살림집 배정을 기다려야 한다.

살림집 배정에도 원칙이 있다. 주택 배정에서 우선 배정이 있다. 「살림집법」 제30조에는 우대 대상에 대해 "혁명투사, 혁명렬사가족, 애국렬사가족, 전사자가족, 피살자가족, 영웅, 전쟁로병, 영예군인, 제대군관, 교원, 과학자, 기술자, 공로자, 로력혁신자 같은 대상에게 살림집을 우선적으로 배정하여야 한다"고 하였다. 북한에서 우대하는 사회 계층이다.

집을 배정하는 것이 생각보다 복잡하다. 주택배정처에서 주택을 배정할 때는 여러 가지를 고려한다. 가족 숫자도 다르고, 직장에서의 거리도 다르기 때문에 여러 가지를 고려해서 배정한다. 북한 뉴스를 보면 홍수가 나거나 자연재

해로 집을 잃는 경우에는 돌격대를 편성해서 집을 지어서 입주하기도 한다. "자연재해로 집을 잃은 세대, 도시계획적조치로 철거된 세대에 살림집을 의무적으로 배정하여야 한다"는 것도 조항이 있다.

주택배정처의 위상을 확인할 수 있는 소설이 있다. 한웅빈의 소설 〈행운에 대한 기대〉에는 주택 배정처 사람을 만난 대목이 나온다. 출장길에 오른 주인공의 옆에 주택배정처 사람이 앉았다.

"배정처라니 무척 바쁘겠군요."

"바쁜 정도가 아니지요. 요즘은 새 살림집거리가 완공을 앞둔 때여서 눈코 뜰 새 없습니다. 건설자들은 완공 때문에 잠을 못 자겠지만 우리는 그 살림집 배정 때문에 잠을 못자지요. 입사시킬 대상들을 정확히 장악한다는 게 간단합니까?"

"거야 물론 그렇겠지요."

하고 얼빤하게 맞장구치면서 나는 머리 속으로는 다른 생각을 분주히 쫓고 있었다. 배정처라. 한번 찾아가려면서도 용기가 없어서 못 갔던 곳이 아닌가. 그런데 이렇게 배정처가 나를 '찾아온' 것이었다.

주택 배정처 사람은 '바쁘다'고 너스레를 떨었다. 주인공은 주택을 배정받지 못해서, 안 그래도 주택배정처를 한번 찾아가 볼까 하였다. 주변머리가 없고 용기가 없어서 찾아가지 못하고 있던 차였다. 그런 주인공에게 열차 옆에 주택배정처 사람이 앉았으니, 그야말로 생각지도 않았던 '행운'이 찾아온 것이었다.

주인공은 찾아온 기회를 잘 살려보고자 궁리를 했다. 가방에는 귀한 술이 있었다. 출장 가는 곳에서 잘 보이려고 준비한 귀한 고려인삼술이었다. 큰 선심을 쓰듯 한잔하자며, 아끼던 술을 꺼냈다. 그런데 하필이면 술을 못한다니, 난감했다.

어쩔 수 없이 술을 억지로 맡기고 기차에서 내린다. 그리고는 속으로 뿌듯해한다. 일은 공교롭게 끝난다. 주인공이 출장을 마치고 돌아와 보니, 주택문제가 해결되어 있었다. 배정처에 선심 쓰듯 술을 줄 이유가 없었다. 출장간 사이에 주택 배정 문제가 해결되었다는 설정은 사실일까. 우연의 일치로 보기 어렵다. 그저 소설이라서 가능한 설정이다.

집이 비는 경우도 있다.

한 사람이 직장을 옮기거나 다른 곳으로 이사를 가게 되면 원래 살던 집은 비게 된다. 이럴 때는 인민위원회와 해당 기관에서는 빈집을 다른 사람에게 배정한다. 표현이 재미있는 게 빈 집을 국가 집으로 하는 것을 '장악'한다고 표현한다. 비어 있는 집을 '장악'해서 합리적으로 배정한다고 한다.

주택을 배정받는 일이나 주택을 보수하는 일이나 쉬운 일이 아니다. 권력을 동원하고, 적절한 관계를 위한 술수도 필요하다는 것이 드러난다. 주택은 부족하고, 새로 생긴 좋은 아파트에 살고 싶은 욕망이야 남북이 다르지 않다. 주택 배정에 은밀한 권력이 작동하고 편법, 비법이 생기는 이유다.

5.3. 주택 교환

북한에서 집을 거래하는 방법의 하나는 집을 바꾸는 것이다. 「살림집법」에 따르면 필요에 따라 살림집을 교환하기도 한다.

집을 교환하려는 경우에는 인민위원회 또는 해당 기관에 신청해서 진행한다. '살림집 교환 신청'을 하면, 해당 기관에서는 신청을 받아서 승인하는데, 이때는 '살림집리용허가증서'를 다시 발급한다. 원칙적으로는 살다가 다른 곳으로 이사를 하면 '살림집리용허가증'을 인민위원회나 해당 기관에 반납하고, 이사할 집의 '살림집리용허가증'을 받아야 한다.

동거하는 경우에는 어떨까?

동거하는 경우도 '동거살림지리용허가서'를 발급받아야 한다. 공식적으로 집은 매매가 아니라 리용할 수 있는 권리를 주고받는 것이기 때문에 잘 이용해야 한다. 이사할 때는 가구나 비품이 손상되어서도 안 된다. 파손한 경우에는 복구해 놓아야 한다.

'살림집리용허가증'을 반납하지 않으면 어떻게 될까? 이것은 이중 소유가 된다. 원칙적으로 불법이다. 「살림집법」에서 규정한 불법은 여러 형태가 있다. 준공검사에 합격하지 못한 집을 '살림집리용허가증'을 발급하거나 등록하지 않은 집에 살림집리용허가증을 발급하는 것, 살림집리용허가증 없이 들어가 살거나 허가 없는 증축, 개축, 확장, 구조변경은 모두 불법이다.

김문창의 소설 『열망』을 보면 집을 바꾸는 대목이 나온다.

집은 사실 살림집치고 여간 훌륭한 것이 아니었다. 윤병암은 7년 전에 공장 가까이에 있는 두 칸짜리 아빠트와 이 집을 교환하여 들었다. 이 집은 본시 국가주택이 아니고 개인주택이었다. 늙은 부모를 모시고 살던 젊은 부부가 노인들이 사망하자 그와 집을 바꾸었다. 윤병암은 터전을 보고 그렇게 해다. 그는 집을 교환하면서 국가집으로 법적 수속을 하고 면식이 두터운 도시경영사업소 지배인을 통하여 보수계획에 넣어 증축을 하였다. 산자벽[13]을 털어버리고 기초부터 새로 하였는데 집 면적을 70평방메터로 늘쿠었으며 살림방도 세칸으로 만들고 목욕실까지 갖춘 얼싸한 집으로 전변시켰다. 바깥벽과 간벽들을 쌓는데 수천 매의 블로크를 소비하였고 부엌안과 목욕실을 꾸리는데 타일만해도 다섯상자나 없애였다. 이렇게 늘그막에 영주할 집을 보란 듯이 꾸리고는 지방산업공장에 다니던 안해를 사직시키고 터전농사를 하게 했다.[14]

회남종합기계기업소의 당비서로 임명된 전영범이 어릴 적 둘도 없었던 친구이자 회남종합기계공장의 주강공장 직장장인 윤병을 찾아가는 대목이다.

은퇴할 때가 된 윤병암은 공장 가까이에 있던 두 칸짜리

---

13) 나뭇가지나 수수깡을 엮어 기둥 사이에 넣고 진흙을 바른 벽.
14) 김문창, 『열망』, 문학예술종합출판사, 1999, 15~16쪽.

아파트와 젊은 부부와 집을 바꾸어 산기슭에 있던 개인 주택으로 이사를 왔고, 절차를 밟아 국가집으로 등록하였다. 국가집으로 등록하고는 지원을 받아서 집을 보수하였다. 소설을 보면 집은 '국가주택'과 '개인주택'이 있다는 것을 알 수 있다.

집을 바꾸는 이야기가 또 나온다.

"본래집보다 훨씬 못합니다. 공장가까이에 바꾸겠다는 사람이 어디 있어야지요. 그래서 지금 집과 바꾸었는데 주강직 장장은 가까워서 좋다고 했습니다. 봄에 나가 블로크를 생산하기 시작하면 벽이랑 탁털어 버리고 새롭게 잘 꾸려주겠습니다."

……

"집을 당장 보수해야겠소. 부지배인동무라면 그냥 살겠소, 이런 집에 이사와서? 벽은 봄에 나가 한다하고 집안보수는 래일중으로 당장 붙이오. 벽장문도 해달고 떨어진 벽도 바르고 부엌과 방안도 막소."

"알겠습니다. 저… 그런데 우리 후방부엔 블로크도 없구 널판자도 없어 당장은…"

사무실에 돌아온 전영범은 건설직장장을 전화로 찾았다.

"직장장동무, 나를 좀 도와주오. 블로크 한 500매하구 출입문을 하나만 주오. 아니 가만 창고까지 하자면 두 개가 있어야겠소."

"저… 댁에 창고를 하나 더 짓자고 그럽니까? 도면만 주십시오. 인차 다 해놓겠습니다."

"그래 블로크하구 문이 있소?"

"있습니다. 책임비서동지네 집에 쓸거야 없겠습니까."[15]

책임비서가 당에서 제시한 새로운 과업을 위해 주강직장장으로 임명하면서, 출퇴근이 편하도록 공장 가까운 곳으로 이사할 수 있도록 당비서가 후방사업을 책임진 후방부지배인에게 부탁하였다.

그래서 공장 가까운 곳으로 집을 배정받았다. 그런데, 공장에서 가깝기는 하지만 이전에 살던 집과 비교하면 크게 모자랐다. 공장 가까운 곳에는 쓸 만한 집이 없어서 원래 집보다 훨씬 못한 집으로 이사하게 된 것이다.

후방부지배인은 에둘러서 변명하였다. '지금은 그럭저럭 지내다가 봄이 되어서 시멘트 블럭이 생기면, 벽을 허물

---

15) 김문창, 『열망』, 문학예술종합출판사, 1999, 120~122쪽.

어서 새롭게 잘 꾸며주겠다'고 하였다. 그러자 전영범 책이 비서는 건설직장장에 전화를 걸어서, 시멘트 블록 500매와 문짝을 부탁한다. 역시, '권력'은 힘이 세다.

5.4. 주택 거래

북한에서 아파트가 거래되기도 한다. 공식적으로야 당을 통하는 방식이지만 실질적으로는 아파트 거래이다.

상황은 이렇다.

북한에서 아파트를 비롯하여 부동산 거래는 원천적으로 불법이다. 그러나 아파트는 늘 부족하다. 특히나 '고난의 행군'을 지나면서 북한 경제가 위축되었을 때는 새로운 주택을 건설할 여력이 떨어진다.

북한에서는 국가가 계속해서 주택을 지어서 인민들에게 보급해야 한다. 국가의 역량에 따라서 공급할 수 있는 규모가 차이가 있다. 경제 상황이 좋으면 보다 주택 공급 역량이 늘어난다. 하지만 경제 상황이 어려워지면 공급 역량이 줄어든다.

국가의 공급 능력이 부족하면 편법이 생긴다. 법에서 허용한 범위를 넘어 공공연하게 편법이 통용되기 시작했다.

주택 배정에 권력이 작동하기도 하고, 웃돈이 오고 가기도 한다. 국가가 공급하지 못하는 사이에 상업자본가인 돈주들이 아파틀 지어서 국가의 이름으로 공급하기도 하였다. 만성적인 주택 부족으로 틈새시장이 열린 것이다. 이렇게 해서 주택 매매가 공공연하게 생겨났다. 북한에서 아파트가 거래된다고 해서 남한과는 다르다. 북한의 아파트 거래는 '북한식'이다.

북한에서 아파트를 거래한다는 말이 나온 상황은 이렇다.

발단은 1990년대 이후였다. '고난의 행군'이라고 불리는 1990년대를 지나면서 북한 경제가 크게 위축되었다. 경제 위축의 영향은 주택건설에도 영향을 미쳤다. 주택을 공급할 수 있는 역량이 제한되었고, 주택 부족도 심화되었다. 북한 유일의 전국 일간지인 『로동신문』에서 주택 건설 관련 기사가 사라졌다.

부족한 역량을 민간에게 의존하지 않을 수 없었다. 아름아름 상업자본을 축적한 민간이 주택 건설에 참여하게 되었다. 하지만 민간의 이름을 주택을 공급할 수는 없었다. 공식적으로는 공공기관이었다.

민간업자들이 주택을 건설하고 매매하는 과정을 재현하면 이렇다. 북한 당국은 주택공급을 위해 지역별로 혹은 기관별로 필요한 수요를 자체적으로 해결하라고 하였다.

가령 철도성, 보위부, 안전부와 같은 부서로 일정 규모의 주택 건설을 할당했다고 하자. 주택 건설을 할당받은 기관이나 기업소라고 해서 별다른 수단이 있을 리 없다. 여력이 없으니 알고 있는 돈주들을 끌어들인다.

돈주들이 자금을 모아서 아파트를 건설한다. 그리고는 일정 부분을 배분 받거나 다른 사업에서 편의를 보장받는다. 그렇게 완성된 아파트는 국가의 이름으로 배분한다. 기관에서는 돈주의 요구에 따라서 아파트에 입주할 주민들의 행정절차를 책임진다. 형식적으로는 국가가 주체가 되어서 주택을 건설하는 것이지만 민간이 참여하는 일종의 공공 개발 형식으로 진행한다.

나중에는 민간이 주도적으로 아파트를 짓기도 한다. 민간에서 아파트를 추진하는 방식은 다음과 같다.

돈주들이 모여서 입지를 물색하고 건설을 기획한다. 건축지 근처에 있는 기관이나 기업소를 찾아가 사업을 제안한다. 북한의 공장이나 기업에서는 종업원 주택 건설 실적을 높여야 한다. 어지간하면 돈주들의 제안을 대부분 수용한다.

다음은 공장, 기업소가 나설 차례이다. 해당 구역의 인민위원회를 찾아가 종업원들의 주택문제를 해결해 달라고 요청한다. 해당 인민위원회에서는 자체로 해결할 것을 지시한다. 자체적으로 해결하라는 의미는 거절이 아니다. 건설 승인이다. 자체적으로 해결할 수 있도록 허가한다는 의미이다. 건설 허가를 받은 것이다.

이 과정이 끝나면 해당 공장이나 기업소는 개인 투자자와 함께 예산서를 작성하여 건설종합허가 문건을 요청한다.

건설종합허가문건은 토지승인서, 설계예산서, 시공도면 등인데, 이것을 도시설계사업소에서 처리한다. 이 과정을 거쳐 본격적으로 시공에 들어간다.

아파트 건설에 필요한 자재는 개인 투자자가 공급한다. 필요한 인력은 역전이나 시장에서 구할 수도 있다고 한다. 이미 건설과 관련한 전문 인력 시장이 형성되어 있다. 이렇게 아파트가 완공되면 준공검사를 거치고, 민간인들에게 판매한다.

지어진 아파트의 일부는 공장이나 기업소의 몫이다. 나머지 아파트는 브로커를 통해 판매한다. 아파트 거래를 매매하는 브로커는 인민위원회 주택부에 가서 주택지도원에게 돈을 주고 입사증을 받아서 구매자에게 주는 방식이다. 개인 투자자는 수익의 일부를 브로커에게 준다.[16]

6. 평양 건설 약사

6.1. 한반도로 들어온 아파트

아파트가 한반도에 들어온 것은 일제강점기였다. 한반도에 근대적인 도시가 생겨나면서 사람들이 도시로 몰려들었다. 고대 로마 시대에도 부족했던 주택문제가 한반도라고 없었을까. 다수를 위한 집단 거주시설이 필요하였다. '아파트'라는 서양식 건축이 한반도에 들어왔다.

기록에 의하면 한반도에서 가장 먼저 세워진 아파트는 미쿠니 상회가 사원들의 기숙사로 건립한 '회현동 미쿠니 아파트'였다. 일본인들이 차지하고 있던 아파트 건설 사업은 1942년 조선주택영단이 건설되기 시작하면서 조선인에 의한 아파트 건축이 시작되었다. 조선인에 의해 세워진 최초의 아파트는 1942년 조선주택영단이 건립한 혜화아파트였다.

일제강점기에 들어온 아파트는 당시 전통 도시와 건축과는 어울리지 않는 이색적인 건축이었다. 일제에 의해 지어

---

16) 홍민박사(통일연구원)의 인터뷰 내용을 재인용한 것임. 『김정은 정권의 통치 테크놀로지와 문화정치』, 통일연구원, 2017.

진 건물 대부분은 석재로 마감하고 육중한 외관을 강조하는 서양식이었다.

일본이 세운 근대적 건축물은 식민통치를 위한 공공건물 중심으로 진행되었다. 지어진 건물 대부분 역시 석재로 마감하고 육중한 외관을 강조하는 서양에서 18세기 이래로 유행하던 역사적 양식의 건축이었다.17)

초가와 기와집으로 상징되는 조선의 건축과는 차별되는 거주형식이었다. 일제의 한반도 강점이 확대되고, 개항이 되면서 외국인들의 주택이 새로운 공간을 만들었다. 외국인이 거주하는 주택, 외국인을 위한 주택이 늘어나면서 도시는 점차 복잡한 공간으로 변화되어 갔다. 조선인이 거주하는 초가와 기와 그리고 일본식 주택과 서양식의 주택들이 개항기의 복잡한 국제 정세만큼이나 다양하게 자리 잡았다.

간헐적으로 보이던 서양식 주택은 일제의 한반도 강점

---

17) 이중근, 『한국 주거문화사』, 우정문고, 2013, 593쪽: "일제강점기 초기 한국 건축계는 일본의 식민통치를 위한 공공건물을 짓는 데 치우쳤다. 이때 지은 건물들은 대부분 서양에서 18세기 이래 유행하던 역사적 양식의 건축을 모방했다. 특히 주요한 건물들은 석재로 마감하여 육중한 외관을 강조하고 엄격한 좌우 대칭의 평면으로 권위적이고 단조로운 특징을 지니고 있었다. 이러한 건물들은 주로 확장되거나 새로 만들어진 도로변에 위치하여 도시경관을 좌우하였다. 또한 대부분 한옥인 기존 건물군의 짜임을 깨뜨리면서 세워졌기 때문에 주변과 심각한 부조화를 초래하였다."

이 본격적으로 전개된 1905년 통감부 설치 이후로는 보이지 않았다. 대신 일본인의 한반도 진출이 본격적으로 이루어지면서, 일본식 건축이 급격히 늘어났다. 한성부와 개항도시를 비롯하여 전국의 주요 도시에 일본인의 진출이 급속하게 늘어났다. 일본인이 거주하는 건축은 일본식과 양식이 절충된 절충식 주택이 지어졌다.

일제의 식민지 정책에 따라서 도시화가 가속되었다. 일본의 한반도 경영에 의한 도시화는 철저히 일본의 식민지 정책에 따라 진행되었다. 일본이 집단으로 거주하는 지역을 중심으로 새로운 형식의 건축이 만들어졌다.

반면 생활이 어려운 조선인들은 도시의 외곽으로 밀려났다. 잠자리를 해결하기 위해 세워진 집은 엉성하기 짝이 없었다. 제대로 된 집이라 할 수 없는 토굴이나 토막이 고작이었다. 일제강점기, 조선인의 주거는 개선이 시급한 상황이었지만, 식민지 백성의 주거문제는 우선으로 고려할 사항은 아니었다.

일본인의 한반도 진출이 확대되고, 도시로의 인구집중이 이루어졌다. 도시는 더 많은 인구를 수용할 수 있는 주거공간이 필요해졌다. 필요한 공간을 해결하기 위한 건축이 등장하였다.

단층을 기본으로 하는 한옥에 칸을 더하거나 층을 더하여 공간을 확장하였다. 칸을 늘려 공간의 밀집도를 높였고, 층을 더해 공간을 확장하였다. 확장된 공간 대부분은 상가와 주거를 위한 공간이 되었다. 1층을 상가로 2층은 주거로 활용하였다.

현대 자본주의를 상징하는 주상복합형 건축의 초기 형태가 자연스럽게 만들어졌다. 새로운 공간을 만드는 작업이 전문직으로 주목받았다. 주택 개조나 주택 건립을 전문으로 하는 기술자들이 생겨났고, 주택이 시장에서 거래되는 상품이 되었다. 한반도에서 본격적인 주택시장이 형성된 것이다.[18]

6.2. 북한 최초의 아파트, '로동자 아빠트'

북한에서 아파트가 건설되기 시작한 것은 1949년이었다. 일제강점기에도 다수의 주거를 해결하기 위한 공동주택이 건설되었다. 하지만 정서적으로도 맞지 않았고, 주거 문제를 적극적으로 해결할 의지도 크지 않았다.

---

18) 전남일·손세관·양세화·홍현욱, 『한국 주거의 사회사』, 돌베개, 2008 참조.

일본을 통해 들어온 서구식 근대 건축은 조선의 전통 건축과는 거리가 멀었다. 도시 미관은 물론 식민지 국민의 주거 문제 해결과도 거리가 먼 생뚱맞은 것이었다.

하지만 광복이 되면서 상황은 달라졌다. 도시화는 해결해야 할 우선 과제가 되었다. 주택문제 해결을 최우선으로 삼지 않을 수 없었다. 광복 당시 조선인의 주거는 열악하기 그지없었다. 애당초 일제강점기의 한반도 경영에서 식민지 국민의 주거문제는 정책의 우선 고려 사항이 아니었다.

도시로 집중되기 시작한 인구문제를 해결해야 하는 과제가 이어졌다. 밀집한 인구를 해결할 주거문제는 '더이상 미룰 수 없는 절박한 문제'로 다가왔다. 주거 문제의 가장 효율적인 해결 방법은 공동주택을 건설하는 것이었다. 같은 공간에 공동이 거주할 수 있는 아파트 형태의 건축은 공간 효율성과 에너지 효율성에서 어떤 건축도 따라올 수 없다.[19]

하지만 아파트가 아무리 효율적인 대안이라고 해도 기술적인 제한이 있었다. 기술적인 문제를 해결할 수 없었기

[19) 양동신, 『아파트가 어때서: 문명과 사회를 바라보는 관점을 바꾸다』, 사이드웨이, 2020, 270~271쪽.

에, 광복부터 1948년까지 북한의 주요 살림집은 단층살림
집이었다.

해방전 평양시민들의 살림집형편은 매우 곤난하였다. 대
부분외 시민들이 빈민굴에서 살았으며 그나마도 차례지지 못
한 사람들은 셋방살이를 하였다. … 평양시에서는 해방직후
부터 1948년까지 주로 단층살림집을 많이 지었다.[20]

「준공된 로동자 아빠트」, 『로동신문』, 1954.12.29.

---

[20] 평양건설전사편찬위원회, 『평양건설전사』 2, 과학백과사전종합출판사,
1997, 44쪽.

『평양건설전사』 2(과학백과사전종합출판사, 1997), 167쪽.

단층 살림집에서 규모가 커진 아파트가 건설된 것은 1949년이었다. 여러 세대가 동시에 머물 수 있는 공동주택 건설이 시작되었다. 단층집 중심의 주택에서 층수가 높지는 않지만 2~3층의 다층살림집으로 전환되었다.

첫 사업은 1949년 2월 1일 내각결정 264호에 의하여 시작된 동평양지구와 평천지구 간성동 일대에 소층살림집이었다. 동평양살림집지구 건설은 2개년 계획기간에 1,400세대를 완공하는 것이 목표였다. 1950년 4월 1일자 『로동신문』은 '동평양아빠트건축물들 거의 완성'이라는 제목으로 동평양살림집지구 건설 소식을 보도하였다.[21]

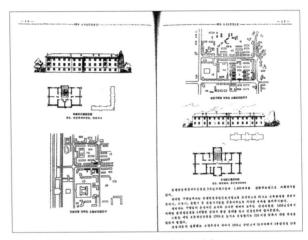

북한 초기의 소층 아파트 평면도
(『평양건설전사』 2, 과학백과사전종합출판사, 1997, 46~47쪽)

6.3. 평양 아파트 건설의 키워드: '속도'에서 '환경'으로

1949년부터 시작된 공동주택 건설은 '6·25전쟁'으로 중단되었다. 다시 아파트 건설이 시작된 것은 전후복구 건설 시기였다. 남한에서는 일제강점기의 건축 흔적이나 조선시대의 흔적이 오래 남아 있었다. 하지만 북한은 이런 상황

---

21) 평양건설전사편찬위원회, 『평양건설전사』 2, 과학백과사전종합출판사, 1997, 45~48쪽 참고.

이 아니었다.

6·25전쟁을 거치면서 평양을 비롯한 주요 도시 대부분이 폭격으로 파괴되었다. 제로 베이스에서 도시 설계와 주거 문제를 풀어나가야 했다. 전쟁으로 집을 잃은 난민들을 우선적으로 수용해야 했다. 전쟁이 끝나고 폐허가 된 자리에 우선으로 잠자리를 마련해야 했다. 짧은 시간에 많은 주택을 공급하는 가장 효율적인 방법은 공간과 자재를 활용할 수 있는 공동주택, 아파트였다.

이렇게 시작된 평양 건설과 아파트 건설은 인민들의 주거 사업인 동시에 남북의 체제 경쟁의 장이 되었다. '더 빠르게' 그리고 '더 높이' 올라가는 것은 체제의 우월을 가름하는 상징적인 지표였다. 그리고 북한에서는 새로운 사회주의 조국 건설의 사업이었다.

1950년대부터 시작된 아파트 건설의 경쟁은 1970년대로 넘어가면서 물량공세로 이어졌다. 제5차 당대회에서 30만 세대 건설 사업이 제기되었다. 당에서 제기한 아파트 건설을 하루라도 빨리 완수하기 위한 새로운 공법의 도입과 가열찬 속도전이 도입되었다. 평양의 주요 거리 단위로 새로운 살림집이 건설되었다.

속도전은 북한 사회 모든 분야에 적용되는 발전 전략이

다. 1970년대 속도전은 1980년대로 이어왔다. 키워드는 바뀌었다. 1970년대 아파트 건설의 키워드인 '속도'는 1980년대 '높이'로 달라졌다. 1980년대『로동신문』에 실린 아파트 기사의 키워드는 '고층'이었다. 1950년대의 '아빠트 건설' 기사를 대신하여 '고층 살림집' 기사로 채워졌다. 사회주의 위용을 대변하는 '7,000세대', '1만 세대'의 고층살림집 건설이 중심이었다.

2012년에 등장한 김정은 체제에서는 속도, 높이에 더하여 '친환경'이 덧붙여졌다. 김정은 체제에서 아파트는 새로운 시대의 상징으로 자리매김하고 있다. 속도와 높이에 대한 강박에 가까운 집착이 여전한 가운데, 개성 있는 아파트 건설이 강조되었다.

김정은 체제에서 아파트 건설은 속도와 높이에 더하여 민족적 건축, 특색 있는 '초고층살림집' 건설, '녹색에네르기 건축'이 강조되었다. 김정은 체제가 시작된 2012년 이후는 김정은의 현지지도를 강조하는 내용의 기사가 중심을 이루고 있다. 김정은 체제에서 아파트 건설의 키워드는 '환경'이다. 북한 아파트도 시기별로 아파트 건설 정책도 달라지고 있다.

제2장 평양 재건과 아파트 정치

1. 평양 재건과 정치 공간화

1.1. 평양을 정치공간으로 리모델링하다

북한 도시 건설의 핵심은 평양이다. 평양은 1946년 9월 평안남도에서 분리되어 특별시로 된 후 1952년 직할시가 되었다. 북한에서 평양이 갖는 위상은 남다르다. 인구 규모 면에서나 상징에서 다른 도시와 비교가 안 된다.

일제강점기에 평양은 중국으로의 진출을 위한 후방기지

로 기획되었다. 군수산업을 비롯한 중공업이 발전하였고, 평양 인근의 남포, 대안, 송림, 사리원을 따라서 주요 공업 시설들이 들어섰다. 그러나 전쟁 중에 폭격으로 대부분이 파괴되었고, 새로운 도시로서 재건설되었다.

평양재건설의 목표는 사회주의 이상향 건설이었다. 혁명의 수도이자 사회주의 낙원으로 건설하고자 하였다. 평양의 도시 설계는 전후복구건설 시기였다. 도시 설계부터 사회주의 국가의 도움으로 진행되었다.

전쟁의 폐허를 딛고, 새롭게 건설된 도시의 상징과 의미를 고스란히 담아야 했다. 평양은 그렇게 사회주의 건설이

「민주수도 평양시의 주택건설을 촉진시키자!」, 『로동신문』, 1962.3.27.

자, 북한식 도시 건설의 정치적 상징을 담은 도시로 기획되었다.

전쟁 직후 평양을 새롭게 건설하는 과정은 도시를 건설하는 사업을 떠나 사회주의 본보기 도시 건설, 북한식 사회주의의 성과, 북한이 지향하는 사회주의 이상향을 보여주는 것이었다.

평양의 건설을 담당한 이는 김정희였다. '북한 건축의 아버지'로 불리는 김정희는 모스크바대에서 유학할 때부터 김일성의 신임을 얻었다. 평양도시계획국장으로서 평양을 비롯하여 북한의 주요 도시 건설을 주도하였다. 김일성 광장 공간 배치와 주변 건물과 상징물의 기획이 김정희에 의해 기획되었다.

북한은 사회주의 소련에 이어 전세계에서 두 번째 건설

도시 이상향으로 건설된 평양

된 사회주의 정권이었다. 사회주의 국가의 참여 속에서 평양은 주체와 사회주의 상징과 의미를 담은 모델도시로 건설되었다.

수도는 그 나라의 정치, 경제, 문화의 중심지이다. 수도의 중심을 어떻게 설정하는가, 이것은 나라마다 다르고 다 자기의 뜻이 있다. 고대 많은 나라들은 사원을 수도의 중심에 놓았다. 그 이후에는 왕궁이나 통치기관, 중앙기관들을 수도의 중심으로 삼았다. 이것이 지금까지의 건설력사가 알고 있는 수도의 중심설정에 대한 일반론이다. 이 기존 리론에 관통하고있는 사상은 권력 기관들의 위세를 돋구기 위한 것이다. 하지만 우리 당은 이 기존 리론과는 달리 혁명의 수도 평양의 중심에 위대한 수령님의 동상을 높이 모셔야한다는 독창적인 사상을 내놓았다. 그리하여 평양의 어느곳에서든지 환히 바라보이는 도시의 중심부인 만수대언덕우에는 위대한 수령님의 동상이 높이 모셔졌다.[1]

---

1) 리현덕, 「주체적인 수도건설구상을 꽃피우는 위대한 향도」, 『천리마』 1982년 2호.

사회주의를 상징하는 건축과 도시가 이념에 따라서 배치되었다. 자연 평양의 주요 상징적인 건축물과 도시의 배치는 이념에 따라서 배치되었다. 평양에 세워진 김일성 동상, 김일성 광장, 인민대학습당의 구성은 북한 도시의 정치성을 가장 잘 드러내는 정치무대 공간이 되었다.

1.2. 정치 공간의 중심, '김일성 광장'

평양의 정치성을 대표하는 공간은 '김일성 광장'이다. '광장'은 사회주의를 상징하는 대표적인 공간이다. 평양에는 원래 '광장'이 존재하지 않았다. '김일성 광장'은 일제강점기까지 평양에 없었던 공간이었다.

전후복과 건설 과정에서 평양의 중심 공간으로 '김일성 광장'이 탄생하였고, 현재까지도 북한 정치의 가장 상징적인 공간으로 활용하고 있다.

김일성 광장의 정치성은 이른바 '극장국가'의 정치적 연출을 극대화할 수 있는 공간으로 구성되었다. 광장의 뒤편에는 주석단이 있고, 주석단은 전통 한옥을 현대적으로 재현한 북한 최대 규모의 건축물인 인민대학습당과 이어져 있다. 광장의 앞쪽 양 끝에는 미술관과 박물관이 있다. 인민대학습당을 정점으로 양쪽 끝에 미술관과 박물관이 위치한 '김일성 광장'과 같은 구성은 세계 어느 곳에서도 예를 찾을 수 없는 극장국가의 정치공간 구조이다.

앞에서 보면 완벽한 무대 공간이다. 김일성 광장의 앞은 대동강이 흐른다. 김일성 광장 앞의 대동강은 마치 무대와 객석 사이를 가르는 공간처럼 다가온다. 규모가 큰 행사를 진행할 때는 수변무대로도 활용한다.

우리는 여기서 인민 대학습당의 기능을 살펴볼 필요가 있다. 인민대학습당은 도서관이다. 도서관이 수도에서 가장 중심에 위치하다니... 그리고 김일성 광장의 양쪽 끝에는 미술관과 박물관이 위치해 있다. 도서관을 삼각형의 정점으로 양쪽 끝에 미술관과 박물관이 위치한 광장의 존재를 어떻게 이해해 야할까? 우리는 세계 어느 곳에서도 수도 한복판에 이러한 공간을 가진 예를 본 적이 없다. 군이 찾는 다면 대학본부와 학생회관 그리고 도서관으로 구성된 대학캠퍼스가 가장 유사한 사례일 것이다.[2]

---

2) 안창모, 「북한건축의 이해: 북한사회 연구의 지속성 확보를 위한 제언」, 『건축』 58권 8호, 대한건축학회, 2014, 30쪽.

김일성 광장의 건너편, 그러니까 주체사상탑에서 바라보면 마치 방송이나 공연장에서나 볼 수 있는 완벽한 공연장의 구조를 갖추고 있다. 김일성 광장은 이후부터 지금까지 주요 명절에 열리는 국가 의례의 공간으로 이용되고 있다. 우리의 언론에도 많이 보이는 군사 퍼레이드나 횃불 행진도 이곳에서 진행한다.

연기자들이 수평 이동무대를 통해 왼쪽에서 오른쪽으로 등장하듯, 혹은 오른쪽에서 왼쪽으로 등장하고 사라지듯이 광장의 한쪽 끝에서 다른 끝으로 사라진다. 극장국가 북한의 정치적 연출력이 극대화되는 효과가 있다.

정치과정이 외부세계에 잘 드러나지 않는 북한의 경우, 특히 무대 위 주연배우만이 화려한 조명을 받는다. 따라서 외부 관찰자는 지도자 개인이나 몇몇 권력엘리트들의 기획과 의지로 온 사회가 일사분란하게 움직이는 것으로 여기기 쉽다. 그러나 극장국가 북한의 2,400만 인민 대부분은 적극적으로 제작, 연출, 작가, 배우, 엑스트라, 스태프, 그리고 관객 등으로 참여하고 있다.[3]

평양의 도시 계획에 대해서는 최고지도자의 '위대한 업

3) 정병호, 『고난과 웃음의 나라』, 창비, 2020, 35쪽.

적'으로 평가한다. 한 나라의 정체성을 결정하고, 사회의 지향성을 보여주는 수도의 중심을 어떻게 건설할 것인지에 대해서 '기존 이론'을 뒤집고 결정을 내렸다는 것이다. 이러한 결정의 핵심은 수령이었다.

정치의 나라답게, 평양 건설에서 가장 중요한 문제로 선택한 것은 '수령을 어떻게 사회주의 상징 수도에 모시는가'였다. 평양의 한 가운데 만수대 언덕 위의 수령 동상을 세워 모든 곳에서 볼 수 있도록 하였다. "사람마다 거리를 걸어도 어버이수령님 품에서 걷게 하고, 잠을 자도 어버이수령님의 따사로운 품에서 자게 하려는 우리 당의 수도건설구상"이 실현됨으로써 "정녕, 평양은 온 나라와 함께 그대로 위대한 수령님의 한없이 품이" 되었다고 선전한다.4)

김정일의 『건축예술론』에는 도시 계획과 아파트 건설과 관련한 구체적인 지침이 담겨 있다. 평양의 도심 한가운데 건설한 주체사상탑과 주변 문제에 대한 대목을 보면, 정치적 의미를 확인할 수 있다.

평양의 심장부라고 할 수 있는 김일성 광장을 중심으로

---

4) 리현덕, 「주체적인 수도건설구상을 꽃피우는 위대한 향도」, 『천리마』 1982년 2호.

인민대학습당과 대칭하여 정면으로 마주한 대동강 건너에 주체사상탑을 세웠다. 주체사상탑 주변의 공간을 어떻게 구성할 것인지의 문제에서도 아파트가 등장한다.

영생불멸의 주체사상을 칭송하여 세운 주체사상탑 주변 공간형성에서는 대칭성을 철칙으로 내세우고 배경에 탑식살림집을 대칭되게 건설하도록 하였으며 량옆공간에도 정각을 대칭되게 앉히였고 앞공간의 대동강 한복판에도 분수를 대칭되게 설치하도록 하였다. 주체사상탑의 웅장성과 장중성은 그 주변공간의 대칭적해결에 의하여 더욱 보충되고 부각되고있다.5)

김일성과 김정일로 이어진 건축의 역사는 김정은 체제로 이어졌다. 김정은 체제에서 건축을 이끄는 주체는 김정은이다. 김정은이 제시한 건설(축)의 원칙은 '인민대중제일주의를 구현하여 주체성을 견지하면서 민족성과 현대성을 결합시키며 세계적 수준의 기념비적 건축을 세워야 한다

---

5) 김일성, 「건축예술론, 1991년 5월 21일」, 『김정일선집(11)』, 조선로동당 출판사, 1997, 158쪽.

정치적인 무대장으로 기획된 평양의 중심 김일성 광장에서 열린 2020년 노동당 창건 75주년 열병식 장면.

는 것'이다.6)

---

6) 「천재적인 예지, 특출한 령도력으로 펼치신 주체건축의 최전성기」, 『로동신문』, 2014.03.25: "우리는 건설에서 인민대중제일주의를 구현하여 주체성을 확고히 결합시키며 세계적수준을 릉가하고 먼 훗날에 가서도 손색이 없는 기념비적건축물들을 비상히 빠른 속도로 일떠세워야 합니다. 이것은 건설해서 우리가 견지하여야 할 기본원칙이며 주체적건축사상의 근본핵입니다."

최근에 완성된 아파트 역시 이 원칙을 따르고 있다. 이에 대해서 '건축예술창조에서 목표와 기준이 획기적으로 높아지고 창조수법에서도 도식과 틀이 깨어져 세계적인 우리의 것을 지향하는 창조열풍이 불었다'고 선전한다.

2. '극장국가'를 향한 평양의 재구성

평양을 비롯한 북한의 주요 도시들은 1954년부터 1956년까지 제1차 3개년 재건계획을 통하여 재건하였다. 이 시기에 이루어진 건설은 사회주의 국가로부터 자원과 기술적 원조에 힘입은 바 크다.

6.25전쟁으로 완벽하게 파괴된 평양을 재건하는 전후복구 과정에서 북한이 강조한 것은 '역사 도시의 근간을 계승한다'는 것이었다. 하지만 복구된 평양의 모습은 이전의 역사도시와는 크게 달랐다. 가장 전시적이면서도 질서정연한 계획적인 사회주의 모범 도시로 건설되었다.

평양이 계획도시로서 완벽하게 진행될 수 있었던 것은 전쟁과 사회주의 체제 때문이었다. 북한은 토지의 사적 소유가 금지되어 있다. 개별 필지가 존재하지 않는다. 도시

아무리 집터가 없다고 해도 록지를 침범해서는
안됩니다. … 도시형성에서 록지면적을 충분히
고려하는것은 주민들의 건강과 문화생활을 위해서
절실한 문제입니다. 그러니 집을 딴데 짓더라도
록지면적을 침범해서는 안됩니다.

김일성

녹지를 강조한 김일성의 말을 기록한 북한 기록영화

계획과 개발에서 개인적인 요소가 개입할 여지가 없다. 때
문에 도시 전체를 하나의 틀 안에서 계획적으로 개발할
수 있다. 도시의 규모와 기능을 국가적 차원에서 결정할
수 있다.

북한은 1954년부터 1956년까지 제1차 3개년 재건계획
을 통하여 도시들을 재건하였는데, 사회주의 국가로부터
자원과 기술적 원조를 받았다. 평양은 불가리아와 헝가리
로부터 지원을 받았다.

초기 평양의 건축적 양식과 도시 구성은 전통적 건축이나
일본의 영향보다는 이 두 나라의 양식에 영향을 받았다.[7]
그 결과 "6.25전쟁으로 완벽하게 파괴된 평양은 전후복구

과정에서 역사도시의 근간을 계승한다고 말했지만, 복구된 도시의 구성은 이전의 역사 도시와는 크게 달랐다."[8] 가장 전시적이면서도 질서정연한 계획적인 사회주의 모범 도시로 건설되었다.

평양은 한국전쟁 이후 재건되면서 중국과 소련을 비롯한 사회주의 국가들로부터 이상적인 사회주의 도시라는 칭송을 받았던 도시이다. 김일성은 평양을 북한의 수도로서 사회주의의 이상을 실현 하고 전쟁 승리의 영광을 담고자 하였다. 전쟁을 통하여 초토화된 평양은 사회주의 도시계획가와 건축가들에게 그들의 이상을 실현시킬 수 있는 최적의 도시였다.[9]

평양이 계획도시로서 완벽하게 진행될 수 있었던 이유는 두 가지이다.

하나는 전쟁이었다. 평양이 철저히 사회주의 이념에 맞

---

7) 임동우, 「평양의 도시 계획」, 『환경논총』 52권, 서울대학교 환경대학원, 2013, 54쪽.

8) 안창모, 「북한건축의 이해: 북한사회 연구의 지속성 확보를 위한 제언」, 『건축』 58권 8호, 대한건축학회, 2014, 30쪽.

9) 임동우, 「평양의 도시 계획」, 『환경논총』 52권, 서울대학교 환경대학원, 2013, 53쪽.

추어 도시가 건설될 수 있었던 것은 전쟁 때문이었다. 평양은 전쟁으로 인해 도심의 대부분이 폭격으로 무너졌다. 평양의 재건은 쏘련을 비롯한 동구 사회주의 국가의 지원 속에 계획적을 이루어졌다.

다른 하나는 토지의 개인 소유를 금지한 사회주의 제도 때문이다. 북한은 토지의 사적 소유가 금지되어 있다. 개별 필지가 존재하지 않는다. 도시계획과 개발에서 개인적인 요소가 개입할 여지가 없다. 때문에 도시 전체를 하나의 틀 안에서 계획적으로 개발할 수 있다.

도시의 규모와 기능을 국가적 차원에서 결정할 수 있다. 반면, 자본주의 체제에서는 필지의 구획이 도시 계획의 기

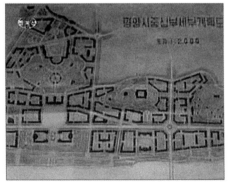

평양 재건 당시 중심부 세부계획도

본이 된다. 필지의 크기나 용도에 따라서 땅의 가치가 결정되고 매매가 이루어진다.

서울의 경우에는 각자의 사업지구가 여건에 따라서 다른 주체에 의해 다른 시기에 건축되면서 평양과는 다른 모습을 갖게 되었다. 광복 이후 남과 북의 체제 차이가 남북의 도시 발전과 아파트 건설에서 다른 길을 걷게 된 것이다.

3. 북한 건축의 기준이자 이데올로기, 『건축예술론』

3.1. 『건축예술론』의 위상

북한 건축에 대한 체계화는 김일성을 거쳐 김정일의 『건축예술론』으로 구체화되었다.

『건축예술론』에는 건축의 의미와 가치, 기본 방향에 대한 문제부터 실질적인 도시계획의 내용까지 망라되어 있는 건축의 교본이다. 김정은 시대에도 건축의 기본 개념과 지향은 김정일의 『건축예술론』에서 벗어나지 않는다.

김정일의 『건축예술론』 발표 20주년 소개 기사, 『로동신문』, 2011.5.21.

김정일의 『건축예술론』은 1991년 5월 21일에 발표한 건축이론서이다. 시기적으로는 1991년이지만 그 이전에 건축과 관련한 김정일의 현지 지도 내용을 담은 것이어서, 김정일의 정치 활동 속에서 주요 내용이 구체화되었다고 할 수 있다. 1991년 이후 실질적인 최고지도자로서 위상을 굳힌 김정일이 건축과 관련한 현지지도의 내용을 정리하여 발표한 것이었다.

『건축예술론』은 북한 건축의 기본적인 방향을 담고 있다. 김정일이 규정한 '건축'을 '사람의 생활과 활동에 필요한 정신적 및 물질적인 조건을 보장하는 수단'이다.

건축은 사람의 생활과 활동에 필요한 정신적 및 물질적 조건을 보장하여주는 수단이다.

건축은 사람의 생활과 뗄 수 없는 관계에 있다. 사람은 좋은 살림집이 있어야 단란하고 화목한 가정생활을 할 수 있으며 공장이 있어야 기계를 만들고 천을 짤수 있고 극장과 영화관, 공원과 유원지가 있어야 문화적인 생활을 누릴수 있다.

인간이 있기 때문에 건축이 있으며 건축이 있기 때문에 인간생활이 더욱 풍만해지게 된다. 건축이 인간생활과 밀접히 련관되여있으므로 사람들은 예로부터 건축물을 인간생활을

위한 3대필수적요소의 하나로 규정하고 그 창조와 발전에 커다란 관심을 돌려왔다.[10]

주목할 점은 건축을 '물질적인 문제'와 함께 '정신적인 측면'을 강조한다는 것이다. 즉 '정신적 조건을 보장하는 수단'이라고 규정한 것이다.

건축을 통해 가정생활을 비롯하여, 생산과 여가 활동 등의 다양한 활동을 할 수 있기에 인간의 정신적 활동과 밀접하게 연결되어 있다는 것이다. 이처럼 건축은 생활과 생산, 문화생활과 직결되어 있기에 인간생활을 위한 필수요소라는 것이다. 여기서 말하는 건축은 주택을 포함하여 공장이나 공원을 포함하여 인공적인 구조물을 의미한다.

건축이 인간생활과 연결되어 있기에, 건축은 필연적으로 계급성을 갖는다고 주장한다. 인간이 만들고, 인간이 사용하기에 건축은 인간성의 문제가 반영된다는 것이다. '이는 결국 주택에 대한 관점과 연결되는 것으로, 계급성의 문제와 연결된다'는 주장으로 이어진다. 건축이 '어떤 인간

---

10) 김정일, 「건축예술론, 1991년 5월 21일」, 『김정일선집(11)』, 조선로동당 출판사, 1997, 120~121쪽.

수도 평양의 건설을 독려하는 신문기사, 『로동신문』, 1967.9.10.

생활을 반영하느냐'에 따라서 건축의 지향과 의미가 달라

진다는 입장이다.11)

---

11) 김정일, 「건축예술론, 1991년 5월 21일」, 『김정일선집(11)』, 조선로동당
  출판사, 1997, 123~124쪽: "건축은 계급성을 띤다. 건축의 계급성은 그
  것이 어느 계급의 리익을 반영하고 어느 계급을 위하여 복무하는가 하는
  데 따라 규정된다. 계급사회에서 계급성을 떠난 초계급적인 건축이란
  있을수 없으며 또 있어본적도 없다."

3.2. 건축과 계급

『건축예술론』에서는 건축의 가장 중요한 문제로 '계급'을 언급한다. 건축과 계급이 불가분의 관계라는 것이다. 건축에서 중요한 문제는 계급문제로 계급적인 문제와 결합한 건축이어야 한다는 것이다.

북한이 지향하는 건축은 '사회주의 건축', '주체 건축'이다. 사회주의 건축은 인민대중이 요구하는 지향을 반영하는 것이다. 인민대중의 '로동조건', '생활조건', '휴식조건'을 갖춘 주택이어야 한다.12) 이러한 입장에서 건설된 북한의 아파트는 '실용적 역할'과 '인식적 교양 역할'을 하는 공간으로 구체화되었다.

김정일은 『건축예술론』에서 건축을 실용예술로 보고 '실용성'과 '사상예술성'을 상호 유기적으로 결합을 강조한다.

---

12) 김정일, 「건축예술론, 1991년 5월 21일」, 『김정일선집(11)』, 조선로동당 출판사, 1997, 126쪽: "진정한 의미에서 사회주의는 인민대중중심의 사회이다. 인민대중이 모든것의 주인으로 되고 모든것이 인민대중을 위하여 복무하는 사회주의사회에서 건축은 인민대중의 요구와 지향을 구현한다. 사회주의건축은 인민대중에게 로동조건, 생활조건, 휴식조건을 훌륭히 보장하여주는것을 기본사명으로 한다. 건축창조에서 로동계급성과 인민성을 구현하는것은 사회주의건축의 계급적성격과 그 본질을 규정짓는 기본징표이다."

건축을 단순히 사람이 살고 있는 공간으로서의 실용성만 강조하면, 기능주의적인 과오에 빠지게 된다고 설명한다.

반대로 예술적 측면만을 강조하게 되면 '인기적이고 광고적인 건축'으로 부루조아 형식에 빠지게 된다. 기능주의 건축이나 예술지상주의적인 건축은 사회주의 건축의 발전을 방해하는 것으로 평가한다.

건축이 나라의 정치, 경제, 문화의 전면모를 직관적으로, 종합적으로 보여주기때문에 어느 시대, 어느 사회에서나 례외없이 건축창조사업에 커다란 의의를 부여하며 큰 힘을 넣는 것이다.

인류가 창조한 건축물은 물질적생산물인 동시에 정신적생산물이다. 인간의 정신적활동이 없이 창조되는 건축이란 없으며 물질적재료를 쓰지 않고 이루어지는 건축도 없다. 건축창조사업은 인간의 정신적활동으로부터 시작되며 육체적활동과 물질적재료에 의하여 완성된다.

건축은 사회의 물질적 및 정신문화적 재부로서 물질실용적역할과 인식교양적역할을 한다. 사람들은 흔히 건축을 실용예술이라고도 한다.

실용성과 사상예술성은 건축의 본질적속성이다.

실용성은 사람의 물질적요구와 관련되는 속성이며 사상예술성은 사람의 사상미학적요구와 관련되는 속성이다.

사상예술성이 동반된다는데 과학기술로서의 건축이 다른 과학기술과 구별되는 특징이 있으며 반대로 실용성이 부여된다는데 예술로서의 건축이 다른 예술과 구별되는 특징이 있다.

실용성과 사상예술성은 건축의 본질적속성으로서 호상 유기적으로 통일되여있다.

실용성과 사상예술성의 련관관계를 옳게 리해하지 못하면 건축창작에서 부르죠아적과오를 범할수 있다. 건축이 사람의 물질생활조건을 마련하여 생활적인 실용성을 보장하는것을 중요한 사명으로 한다고 하여 그것을 절대화하면서 사상예술성을 무시하면 기능주의적과오를 범하게 된다. 기능주의는 집을 순수 사람이 살기 위한 기계로, 순수 리윤추구의 수단으로 보는 부르죠아건축사상조류이다. 이와 반대로 예술적측면만을 강조하면서 생활적실용성을 차요시하면 예술지상주의적과오를 범하게 된다. 예술지상주의는 건축의 실용성을 거세하고 인기적이고 광고적인 건축을 만들어내는 부르죠아형식주의건축조류이다. 기능주의나 예술지상주의는 다같이 사회주의건축의 발전을 저해하며 자본주의건축의 반동화, 퇴폐화 과정을 촉진시킨다.13)

'주체 건축'은 기능주의나 예술지향주의를 비판하면서 실용성과 예술성을 결합시킨 건축이라고 주장한다. 실용성은 사람의 물질적 요구이며, 사상예술성은 사람의 사상미학적 요구인데, 주체건축은 이 두 가지를 다 반영하였다는 것이다.

한마디로 실용적이면서도 아름다운 건축이라는 것이다. '인간은 원래 편리하고 실용적인 것을 추구하기 때문에 인간은 편리성과 함께 아름다움도 추구하기 때문에 실용성만을 추구하는 기능주의에 **빠져서는 안 된다**'고 말한다.

편리성이 보장되지 않는 건축물은 실용성이 없으며 실용성이 없는 건축물은 빛좋은 개살구와 같다. 실용성이 없는 건축물이 바로 자본주의사회에서 류행되는 부르죠아형식주의 건축물이다. 인민대중은 건축공간이 자기의 생활과 활동 및 휴식에 편리하게 해결되고 위생보건적 조건이 잘 갖추어진 건축물, 자주적이며 창조적인 생활을 잘 안받침해줄 수 있는 건축물을 요구한다. 인민대중의 이러한 요구를 창작의 근본목적으

---

13) 김정일, 「건축예술론, 1991년 5월 21일」, 『김정일선집(11)』, 조선로동당
   출판사, 1997, 128쪽.

로 내세우고 그것을 철저히 실현한 건축이 주체건축이다.[14]

건축에서 실용성만을 강조해서 안 되는 이유는 건축이 인민대중의 생활 공간이므로 생활에 필요한 시설들이 뒷받침된 건축이 되어야 하기 때문이다. 인간의 생산 활동도 하고, 문화 활동도 뒷받침할 수 있는 건축물이어야 한다는 것이다.

『건축예술론』에서 강조하는 편리성은 북한 아파트 건축에서 주상복합형 아파트, 아파트와 상점이 결합한 형태로 구체화되었다. 북한 아파트 건축의 기본적인 형태인 주상복합아파트는 원래 사회주의 건축의 기본 양식이었다.

주상복합형의 아파트가 사회주의 건축으로 자리 잡게 된 것은 사회주의 발생 당시의 주거 현상과 관련된다. 사회주의는 자본주의 초기의 문제를 극복하는 방향으로 구성되었ㄷ. 열악한 도시 노동자들의 주거 환경을 개선하고, 효율적이면서 쾌적한 공간을 지향했다. 공장에서 일하고 돌아오는 노동자들에게는 기본적인 생필품을 구입할 시간

---

14) 김일성, 「건축예술론, 1991년 5월 21일」, 『김정일선집(11)』, 조선로동당 출판사, 1997, 144쪽.

도 충분하지 않았다. 사회주의 건축은 이러한 점을 고려하여 설계되었다. 노동자들이 공장에서 일을 마치고 돌아오면서 기본적인 물건을 구입할 수 있도록 1층에 생활 시설을 두도록 설계하였다.

사회주의 건축으로 시작한 주상복합아파트는 아이러니컬하게도 현대 자본주의를 상징하는 대표적인 주거 형태로 자리잡았다. 대한민국의 최고가 아파트 목록의 최상위에는 주상복합 아파트가 순위를 다툰다. 노동자들을 위한 편리함이 경제적인 풍요를 상징하는 고급 상가와 결합된 아파트로 재탄생하면서 부의 상징이 되었다.

4. '수령님 은덕'으로 솟아난 빌딩 숲

4.1. 시골 노인의 어리둥절한 평양 구경

북한에서 도시 건설과 주거는 국가의 몫이다. 모든 생산수단이 국유화되었기 때문이다. 빠르게 현대화된 평양의 풍경은 곧 그대로 사회주의 발전을 상징하였다. 김정은 체제에서도 새롭게 건설되는 아파트는 새로운 시대의 희망이자 사회주의 이상향으로 묘사되었다.

　시골에서 평양으로 구경왔던 최영감은 우뚝 솟은 건물을 보면서, '수령님의 은덕'으로 노래하였다.

> 우리 마을 최령감님 금년 나이 일흔인데
> 로친데를 척데리고 평양구경 찾아와서
> 동서남북 돌아보며 어리둥절 하는 말이
> 여기저기 고층건물 하루에도 우뚝우뚝
> 비파거리 붉은거리 쭉쭉뻗어 생겨나니
> 이게 모두 영명하신 수령님의 은덕일세
> 천리마로 달리더니 천지개벽 하였구나
>
> —〈최령감네 평양구경〉 중 일부15)

　비파거리나 붉은 거리는 지금은 없어진 지명이다. 예전의 모습을 벗어나 새로운 도시로 건설되는 놀라운 변화를 최고지도자의 은덕으로 노래한 것이다.

　『조선문학』 2009년 5호에 실린 변창률의 수필 「한껏 아

---

15) 문학예술종합출판사, 『조선가요 2000곡집』, 문학예술종합출판사, 1994, 669쪽.

름다워지라」에서도 수령님의 은덕을 확인할 수 있다. 햇살 따사로운 봄 날 다층살림집 현관 앞에서 들놀이 갈 준비를 하던 자매가 화장품을 놓고 티격태격하는 내용의 작품이다.

수필에는 장군님이 현지 지도하신 화장품 공장의 비누 직장에서 새로 생산한 비누의 품질을 칭찬하면서, 새로 생산한 비누로 '이 세상 그 누구들보다 싱싱하고 아름다운

평양의 아름다움을 노래한 차영도 작사, 황진영 작곡 가요 〈평양〉

모습으로 피여 나갈 수 있다'는 긍지를 느낀다는 내용이다.

4.2. 아파트 배정으로 확인하는 아파트 정치

수령의 은덕은 늘 아파트와 연결되어 있다. 아파트에 들어갈 수 있는 권한이 곧 국가에 있고, 수령에 의해서 도시가 개발되기 때문이다. 그리고 사회주의 북한에만 있는 배정이기 때문이다. 그래서 아파트는 늘 특별하고, 따뜻한 당의 선물이었다.

북한에서 아파트는 당에서 배정한다. 그러다 보니 좋은 아파트를 차지하기 위한 경쟁도 치열하다. 할 수 있는 다양한 방법이 동원되기도 한다. 아파트를 밀거래하는 경우에는 우선하는 것은 지역으로 평형보다는 직장과 거리가 가

아파트 건설을 노래한 서사시 「만수대 기슭에 우리 집이 있다」

까운지를 우선으로 본다.

아무래도 중심지의 아파트가 인기가 높다. 부모가 당 간부이고 신분이 좋으면 중앙당 시설이 모여 있는 중구역에 아파트를 배정받을 수 있다고 한다.

상대적으로 외곽인 광복거리나 통일거리는 인기가 덜하다. 고층 아파트가 인기가 절대적으로 높은 것은 아니다. 예술인아파트는 30층 이상이고, 광복거리 아파트는 20층 이상의 고층 아파트들이 모여 있다.

고층아파트가 무조건 인기 있는 것은 아니다. 고층 아파트는 에너지가 충분하지 않을 때는 예기치 않은 어려움을 겪기도 한다. 전기가 들어오지 않으면 계단으로 오르고 내려야 한다. 고층아파트의 경우에는 한번 내려오면 올라가기도 쉽지 않아서 상대적으로 인기가 높지 않다.

북한에서는 국가에서 주거를 공급하기에 직장과 주거가 대체로 동일하다. 예술인들이 많은 곳에는 예술인아파트가 있고, 대학에는 교직원아파트가 있다. 구역에 따라서 직업이나 지역별로 아파트가 있다. 영화인아파트가 어떻게 지어지게 되었는데는 김일성의 문건으로도 확인된다.

다음으로 영화예술인들의 생활을 잘 돌봐주어야 하겠습니

다. 지금 영화배우들의 집이 여러 곳에 널려있다고 하는데 배우들의 출퇴근을 위한 뻐스를 보장해주어야 하겠습니다. 그리고 다음해에 영화촬영소 가까이에 아담한 다층살림집을 몇 채 지어 배우들에게 주어야 하겠습니다. 그래야 배우들의 출퇴근문제가 완전히 풀릴수 있습니다. 영화촬영소에 영화예술인들이 영화를 촬영하다가 차를 마시면서 휴식할 수 있는 휴계실도 하나 지어주어야 하겠습니다.[16]

우리 로동계급을 그토록 아끼시고 귀중히 여기시는 어버이수령님께서는 몸소 이곳에 찾아오시여 전로공들의 주택은 기대소음과 연기가 풍기는 공장 가까이에 두기보다는 공기좋고 물좋은 함흥지구에 옮겨짓는 것이 좋겠다고 하시면서 해빛 밝은 아빠트를 지어주시고 통근차를 타고 출퇴근하도록 수십대의 객차와 버스까지 몸소 보내주시였다. 조금만 비가 내려도 큰물이 생겨 사람들의 앞을 가로막던 룡흥강에 오늘은 철다리와 세멘트다리가 놓여져 그우로는 어버이수령님께서 보내주신 사랑의 통근뻐스가 미끄러지듯 오간다.[17]

---

16) 김일성, 「혁명교양, 계급교양에 이바지할 혁명적영화를 더 많이 만들자: 조선로동당 중앙위원회 정치위원회 확대회의에서 한 연설, 1964년 12월 8일」, 『김일성저작집18(1964.1~1964.12)』, 조선로동당출판사, 1982, 471쪽.

북한의 경우에는 도시 계획과 주택 건설이 인민의 수요
보다는 당의 계획이 우선한다. 평양을 비롯한 도시 건설의
모든 성과를 수령과 연결된 당의 은덕으로 평가한다.
　'공원과 유원지', '극장과 살림집' 등이 모두 수령의 사랑
을 확인할 수 있는 상징이자 사회주의 제도의 우월성 상징
한다.[18]

　　황금만능의 자본주의사회에서는 상상조차 할수 없는 일이
　다. 어느 한 자본주의나라에서는 수도중심부의 땅값이 날을
　딸 뛰여올라 수많은 사람들이 교외의 농촌지역에서 살면서
　출퇴근을 하고있다고 한다. 또 어떤 자본주의나라에서는 빈
　민층 사람들이 제 집을 가져보려는 것은 하늘의 구름을 잡아

17) 석창의, 「은덕역」, 『천리마』 1977년 7호.
18) 김일성, 「건축예술론, 1991년 5월 21일」, 『김정일선집(11)』, 조선로동당
　　출판사, 1997, 147쪽: "우리는 평양시의 웅장화려한 모습을 통하여 위대
　　한 수령님을 해와 달이 다하도록 높이 우러러모시며 이 세상 끝까지
　　따르려는 우리 인민의 숭고한 충성심과 높은 사상정신세계를 느끼게
　　되며 수령님의 현명한 령도밑에 온갖 애로와 난관을 용감하게 이겨내며
　　승리적으로 전진해온 우리 인민의 백절불굴의 투지와 혁명적기상을 감
　　수하게 된다. 우리는 인민의 기쁨 넘치는 공원과 유원지, 극장과 살림집
　　을 볼 때마다 한평생을 인민을 위하여 바쳐오시는 위대한 수령님의 따뜻
　　한 사랑에 대하여 가슴뜨겁게 느끼게 된다."

보려는것과 같은 허황한 욕망이며 제 집을 하나 가지자면 집의 높이만큼 돈을 쌓아올려야 한다는 말까지 생겼다고 한다.

국가가 집을 지어 근로하는 인민들에게 무상으로 안겨주는 것은 사회주의 우리 사회가 실시하는 인민적시책들중 하나이다.19)

5. 사회주의 선전물로서 아파트

북한에서 아파트는 사회주의 제도의 우월성을 확인하는 선전의 도구로 자주 등장한다.

5.1. 아파트를 주는 사회주의 제도

조선중앙텔레비죤에서 제작한 38분 길이의 텔레비죤극 〈우리집 주소〉는 광복거리 아파트에 살고 있는 박오남의 가정을 배경으로 한 토막극이다.

박오남의 어머니가 구십이 되어서 구갑상을 받게 되면

---

19) 「여기서 평범한 근로자들이 살게 된다」, 『로동신문』, 2012.02.23.

서 일어나는 해프닝을 코믹한 형식으로 구성하였다. 새로 이사온 주소를 제대로 적지 않았다가 겪는 해프닝을 통해 국가에서 내려준 집을 소중하게 생각하고, 각 가정의 주소와 성명을 중요하게 생각하고 바로 적어야 한다는 주제의 토막극이다.[20]

내용을 소개하면 다음과 같다.

단란한 박오남의 집에서 어머니 윤씨가 구갑상을 받게 되어 식구들이 모여서 구갑을 축하한다. 윤씨는 옛날 같았으면 생각도 못할 일이라고 말하면서 기뻐한다. 박오남은 화보에 어머니가 구갑상을 받는 사진을 싣기로 하였다면서 사진사인 경수가 오기를 기다리는데, 경수는 시간이 지나도 오지 않는다. 식구들이 경수를 기다리고 있을 때, 딸의 담임 선생님이 찾아왔다. 딸이 학교에 오지 않자 무슨 일이 생겼는 지 걱정이 돼서 왔던 것이다. 그리고 반장이 나와서 연료공급소에서 가스를 보내왔으니 찾아가라고 하였다.

우여곡절 끝에 경수는 구갑잔치를 알고 있던 식료품 안내

---

20) 창조성원은 텔레비죤문학 오정호, 연출 김종식, 촬영 김진근, 미술 박성남, 분장 최신숙, 녹음 김동식, 부연출 리봉찬, 부촬영 조성호이다.

원의 도움으로 박오남의 집을 찾았다. 식료품점에서는 박오남 어머니가 구갑잔치를 벌인다는 것을 알고 선물을 하려고 찾아가던 중이었다. 오남의 어머니는 지난날을 회상하면서 지난날에 주소성명이 무엇인가를 빼앗기 위한 것이었으나 지금은 당의 배려로 집집마다 행복을 나누어주기 위한 것이라고 하며 감격해 한다. 구갑상이 차려지고 모든 사람들의 축복 속에 구갑잔치가 벌어졌다.

텔레비죤극 〈우리집 주소〉는 일제강점기를 살아온 박오남의 어머니 윤씨가 당의 은덕으로 새로운 집을 받아서 살게 된 것도 고마운데, 당에서 가스며, 식료품이며, 선물을 마련해 주어서 행복한 구순잔치를 치르게 되었다는 것이다. 구순이 된 박오남의 어머니는 일제강점기 때를 회고한다. 일제강점기에는 주소가 집에서 무엇인가를 빼앗아가

당에서 배정한 집이 얼마나 소중한지를 알려주는 영화 〈우리집 주소〉

기 위한 것이었다. 그런데 지금은 '당의 배려로 집집마다 행복을 나누어주기 위한 것'이라는 것을 강조한다.

5.2. 찬양하라! '따뜻한 온돌', '따뜻한 사회주의'

『천리마』 1977년 3호에는 한 편의 수필이 실려 있다. '천리마평양화력발전소 장만기'라는 노동자의 〈은혜로운 품〉이라는 수필이다. 제목처럼 사회주의 제도에 살면서 북한의 따뜻한 제도와 은정을 감격스럽게 표현하였다.

글쓴이가 누구인지 확인되지는 않았지만 18년 전까지 일본에 살았다. 일본에서 '민족적 멸시와 계급적 천대'속에서 살다가 북한으로 들어갔다.

북한으로 들어온 이후의 생활은 행복, 그 자체라고 표현한다. 사회주의 북한에서 누릴 수 있는 교육과 무료 의료제도 속에서 행복을 느낀다. 일본에 있을 때처럼 차별도 받지 않아도 되고, 김책공대에 입학해서 무상으로 다니게 되었다. 그렇게 대학도 다니고 온수온돌이 있는 고층아파트에서 행복을 누리며 살게 되었다.

그날도 나는 머릿속에 발전기의 보수기일을 단축할 방도

를 모색하며 퇴근길을 걷고있었다. 어버이수령님께서는 나라의 전력생산을 늘일데 대하여 벌써 여러차례 간곡한 교시를 주시였는데 어떻게 하면 어버이수령님께 더 큰 기쁨을 드릴 수 있겠는가?

이런 생각이 한시도 머릿속에서 사라지지 않는 나는 어느덧 고층아빠트앞에 이르렀다. 현관을 들어서려는데 약가방을 멘 담당의사가 마주나오고있었다.

"선생님, 왕진으로 오셨댔습니까?"

나는 담당의사에게 물었다. 담당의사는 웃는 얼굴로 나의 물음에 대답했다. "아니예요. 오늘은 날씨가 차서 혹시 담당구역내에 감기라도 앓는 사람이 없나 해서 돌아보고 가는길입니다."

그 말을 듣는 순간 나의 가슴은 물클하였다. 환자가 의사를 찾아 병원으로 간다는 것은 하나의 상식으로 되어 있다. 하나 의사가 환자를 찾아다니는 그런 사회가 이 세상에 있으니 그 고마움과 감사를 무슨 말로 다 표현하랴!

(…중략…)

여기까지 생각이 미친 나는 텔레비죤을 보다가 따뜻한 온수온돌방에 잠든 나의 아들딸 삼남매를 이윽토록 지켜보았다. 행복에 겨운 저애들이 과연 아버지와 할아버지들이 겪은 그 피눈물의 력사를 아는가? 오늘의 이 행복이 어떻게 우리 가정에 차례진것인지 아는가?

5.3. 체제 대결의 수단, 아파트

북한에서 살림집 건설은 곧 남북의 체제 대결에서 우위를 확실하게 보여주는 선전 수단으로 활용한다.

전후복구 건설 시기에 세워진 속도전의 아파트는 사회주의 경제건설의 우위를 화인하는 방식이었다. 크고, 높고 편리한 아파트는 사회주의 제도의 행복을 상징하였다.

자본주의 나라들에서는 근로대중이 집이 없어 한지에서 떨건말건 상관하지 않는다. 정부는 오직 특권층과 독점자본의 리익만을 보장해주면 그만이다. 이로부터 살림집가격과 집세가 계속 올라가고있는 것이다.

......

도시들에서는 해마다 멋쟁이 아빠트들이 우줄우줄 키돋움하고 농촌과 어촌, 탄광과 광산을 비롯하여 그 어디에나 선군시대 문화주택들이 수풀처럼 솟아나는 행복의 락원, 진정한 인민의 보금자리는 이 세상 그 어디에서도 찾아볼수 없다.

어버이수령님께서 마련하여 주시고 경애하는 장군님께서 지켜주시는 세상에서 제일 좋은 사회주의 이 제도가 없으면 우리의 보금자리도 삶도 없으며 행복도 미래도 없다. 인민의 영원한 행복의 보금자리인 우리의 사회주의 조국의 강성번영을 위하여 계급의 총대를 놓지 말자. 선군의 총대를 더욱 높이 추켜들자.[21]

2012년 북한은 만수대지구 살림집 건설을 보도하면서, 남한의 주택정책을 비판하는 글을 실었다.

훌륭히 완성된 만수대거리를 소개하며 남조선의 한 인터네트신문에 실렸던 글 「들어가 살면 마음마저 마음마저 착해질듯…」에는 이런 대목이 있었다.

"…다채로우면서도 안정감을 주는 세련미와 포근한 느낌이 풍겨나는 건물형식, 단아하면서도 활용하고 실용적으로 꾸린 아름다운 내부, 주택지구에 우거진 작은 동산숲과 아늑한 휴식터 등 사색과 휴식에 좋은 환경, 정말로 보기 좋고 살

---

21) 「투철한 계급의식을 지니고 사회주의진지를 철벽으로! 살림집을 통하여 본 판이한 두 현실」, 『로동신문』, 2009.11.19.

기 좋은 아빠트들이다. 저렇게 훌륭한 집을 평범한 사람들에게 무상으로 나누어준다니 절망놀랍다. (…중략…)

지금 남조선에서 근로인민들의 생활은 더욱 도탄에 빠지고 있다. 살림집문제만 보아도 그렇다. 남조선집값은 1990년대초 세계에서 비싸기로 소문한 미국, 일본의 5~6배에 달했는데 일반근로자가 20평 정도의 집을 사려면 먹지도 쓰지도 않고 돈을 고스란히 모아도 한세기는 걸려야 할 정도였다. 제집이 없어 월세, 전세를 내여가며 남의 집 웃방 한칸을 빌려사는 셋방살이, '무허가정착촌', '달동네'와 같이 주소, 번지도 없는 움막집, 판자집, 비닐박막집 등 집이 아닌 '집'에서 하루살이처럼 사는 사람들이 넘쳐났다.

주택난은 오늘에 와서도 조금도 풀리지 않았을뿐아니라 더욱 심각한 상태에 이르고 있다.

리명박역도는 인민들에 대한 그 무슨 굉장한 혜택이나 되는듯이 '보금자리주택정책'을 광고하고서도 집값을 일반근로자들은 엄두도 낼수 없게 높이 정해 집문제를 해결하기는 고사하고 부동산투기를 조장하여 부자들의 배만 불리워주었다. 집값이 얼마나 엄청나게 뛰여올랐으면 '캉가루족', '아빠트탈출족' 등 괴이한 낱말들이 생겨나고 서민들속에서는 '내 집 마련 평생소원'이라는 말이 류행어처럼 되었겠는가.[22]

북한에서 고층살림집은 곧 당에서 인민에게 하사하는
'하늘같은 은덕', '경애하는 원수님께서 안겨주시는 사랑의
선물', '당의 은정 속에 나날이 꽃피어나는 인민생활'의 상
징이다. 북한에서 아파트는 체제 대결의 상징, 남북의 체제
차이를 드러내고 사회주의의 우월성을 확인하는 선전수단
이다.

6. 아파트의 '주체성'과 '민족성'

6.1. 주체적 건축의 상징, 온돌

북한이 건축에서 실용성, 예술성과 함께 강조하는 것은
'민족성'이다. 김정일의 『건축예술론』에서도 아파트 건설
에서 민족성은 빠질 수 없는 중요한 문제로 강조한다.

건축에서 민족성을 강조하는 것은 민족이 정치, 경제,
문화의 기본 단위이기 때문이다. 세계 모든 민족은 '민족을

---

22) 「투철한 계급의식을 지니고 사회주의진지를 철벽으로!」, 『로동신문』,
2012.07.19.

기본 단위로 발전하였기 때문에 모든 분야에서 민족적 특성이 반영되지 않을 수 없다'는 입장이다. 건축에서도 당연히 민족성이 포함되어야 한다고 본다.

각 민족은 민족 고유의 문화를 갖고 있다. 때문에 민족성을 강조하는 것은 민족의 주체성을 살리면서 독특한 건축미를 살릴 수 있다고 보는 것이다.

건축에서 민족성은 특히 1970년대 살림집 건설에서 온돌 문제 등으로 구체화되었다. 북한은 겨울이 길고 춥다. 따라서 건축에서 난방 문제는 가장 우선을 두는 문제이다.

전통적인 생활양식과 서구적인 생활양식을 대비한 영화 〈청춘이여〉

우리 민족의 전통적인 주거 방식은 온돌이다. 온돌은 바닥을 덮이는 방식이다. 지금의 온수보일러는 뜨거운 물을 이용하여 바닥을 덮이고, 그 덮인 열기로 난방을 한다. 이는 온돌을 응용한 것이라고 할 수 있다.

북한 정권 수립 초기 아파트는 서양과 같이 벽난로를 이용한 방식으로 설계되었다. 벽난로는 공기를 덮이는 방식으로 전통 건축의 난방 방식인 온돌과는 차이가 있다.

김일성은 벽난로를 이용한 난방에 대해서 부정적이었다. 1954년 10월 "로동자아빠트 건설장과 보통문동살림집 건설장을" 찾은 김일성은 "벽난로나 온수방열기"가 아닌 "우리 나라 풍습에 맞게 온돌"을 놓으라고 강조하였다.

6.2. 온돌을 둘러싼 갈등

김일성의 교시에도 불구하고 아파트 건설 현장에서는 곧바로 도입되지 않았다. 아파트 자체가 서양식이었기에 아파트 설계에서도 온돌을 응용한 방식은 쉽게 접목되지 않았다.

이듬해인 1955년 10월 9일 남구역 동흥동 제12인민반 다층살림집을 돌아보면서 다시 또다시 교시할 정도였다.

김일성은 이 문제를 건축에서 중요한 문제로 지적하였고, 1955년 11월 류환선거리의 아파트를 찾아와서는 온돌을 놓는 문제를 해결해야 한다고 거듭 강조하였다. 동평양로 터리에 있는 경공업성아파트에서 처음으로 온돌이 갖추어진 아파트가 세워졌다.

위대한 수령님께서는 일찍이 1954년 10월에 로동자아빠트 건설장과 보통문동살림집건설장을 찾으시고 벽난로나 온수 방열기가 아니라 우리 나라의 풍습에 맞게 온돌을 놓을데 대하여 교시하였다. 그러나 수도의 살림집설계에서는 온돌이 적극 도입되지 못하고있었다.

위대한 수령님께서는 1955년 10월 9일 남구역 동흥동 제12 인민반 다층살림집을 돌아보시면서 방들에 온돌을 놓을데 대하여 또다시 교시하였으며 1955년 11월 어느날 새로 지은 류환선거리의 다층살림집을 찾으시여서는 다음과 같이 교시하였다.

"본래 벽난로는 조선사람의 생활에 맞지 않습니다. 조선사람은 옛날부터 온돌방에서 살아왔기때문에 따뜻한 온돌방을 제일 좋아합니다. 아빠트에도 온돌을 놓는 문제를 꼭 해결하여야 하겠습니다." … 소층살림집과는 달리 다층살림집에 온돌을 놓는데서는 여러가지 복잡한 조건들이 제기되였다. 그러나 현대적인 다층살림집에도 온돌을 놓을데 대한 위대한 수령님의 높은 뜻을 심장에 새긴 수도의 설계가들과 건설자들은 지난 기간에 이미 축적한 경험을 살려 다층살림집에 온돌을 놓는데 성공하였다.

그 첫 성과작이 동평양로타리의 3각지점에 건설된 당시의 경공업성로동자아빠트(618세대, 총건평 2만㎡)이다. 이 다층살림집에는 주민들의 생활에 편리한 온돌이 모두 갖추어졌다.[23]

김일성은 아파트에 온돌을 놓는 것을 건축에서 민족성을 실현하는 문제로 제기하였다. 하지만 권력 갈등도 있었다. 북한에서 김일성의 영향력이 강하기는 하였다. 하지만 소련파나 연안파와 같이 소련공산당이나 중국공산당 출신들과는 여전히 권력 경쟁 상태에 있었다.

김일성은 온돌 놓는 사업에 대해서 정치적인 문제로 몰고 갔다. 아파트에 온돌을 놓는 사업에 대해서 "반당반혁

---

23) 평양건설전사편찬위원회, 『평양건설전사』 2, 과학백과사전종합출판사, 1997, 247쪽.

명종파분자들과 사대주의, 교조주의에 물 젖은자들의 온 갖 방해 책동과 여러 가지 제기되는 난관을 극복"하고, '민족적 특성을 구현한 귀중한 성과'로 표현하였다. 아파트 건설에서 반대가 많았고, 어려움이 많았다는 것을 짐작할 수 있다.[24]

북한 건축사에서 공식적으로 온돌을 도입한 최초의 아파트는 동평양로타리에 건설된 '경공업성로동자아파트'였다.

아파트에서 온돌을 강조한 것은 생활문화와 직접 연결되기 때문이었다. '6·25전쟁' 이후에 새워진 건축은 대부분 서양식이었다. 아파트, 연립주택, 단독주택은 서양의 구조와 재료로 지어졌다. 주택은 서양을 따랐다. 하지만 형식은 전통문화의 관성을 유지하고자 하였다.

남한에서 온돌은 1970년대부터 본격적으로 정착되었다. 1960년대 아파트에는 라디에이터 난방 방식이었다. 라디에이터 난방은 대중들에게 인기를 얻지 못했다. 뜨뜻한 바닥이 주는 매력은 연탄가스 중독 사고에서 버릴 수 없는

---

24) 평양건설전사편찬위원회, 『평양건설전사』 2, 과학백과사전종합출판사, 1997, 247쪽.

몸에 밴 문화였다. 온돌의 전통을 살리고자 대한주택공사 아파트에 개별 연탄아궁이식 온돌을 도입했다.

하지만 현대적인 아파트와 온돌은 여러모로 불편하였다. 아궁이가 있으려면 부엌 구조를 층지게 지어야 했다. 쓰고 남은 연탄재 처리도 골치 아픈 문제였다.

이러한 문제가 개선된 것은 1970년대였다. 민간 건설사업자들이 경쟁적으로 아파트 건설에 뛰어들면서 한국인의 생활에 맞는 아파트가 생겨났다. 1973년 반포아파트를 시작으로 아파트에 아궁이 없이 온수로 난방을 하는 온수온돌이 보급되었다. 부엌과 연결되는 거실 공간, 다용도로 활용할 수 있는 베란다와 다용도실의 배치는 창구 역할을 충실히 할 수 있었다.

중국 조선족의 경우 대부분이 아파트나 집단주택에 거주한다. 초기 아파트의 경우에는 "초기의 아파트는 공동 화장실을 사용하고 중국식 캉으로 구성되었으나 시설의 발전과 함께 난방 방식은 라디에타 난방"이었으나 최근에는 온수 바닥난방이 보급되고 있다. 조선족들은 오래된 아파트의 라디에이터 방식의 난방을 온수 바닥으로의 개조하는 것은 어렵지 않게 발견할 수 있다.[25]

6.3. 아파트와 전통문화

아파트가 건설에서 전통적인 생활양식의 도입하는 문제는 남과 북에서 모두 고민한 문제였다. 오랜 역사 속에서 신체화된 생활문화는 아파트라는 구조에 잘 맞지 않았다. 앞에서 언급한 난방 방식도 고민이었지만 식생활도 잘 맞지 않았다.

서양과 다른 한국인의 식생활 구조에서 아파트는 잘 맞지 않았다. 한국인의 식문화에서 부엌이 차지하는 비중은 절대적이다. 주거공간에서 부엌은 밥을 하는 공간, 식기를 보관하는 공간, 반찬을 보관하는 공간 등이 충분히 확보되어야 한다.

한국인의 음식 문화는 주식과 부식이 분명하고, 습식 위주였다. 식구별로 밥과 국이 있어야 했다. 특히 '따뜻한' 밥과 국이 식구별로 있어야 한다. 식구별로 밥그릇과 국그릇이 있어야 하고, 반찬을 담을 그릇까지 서양은 물론 중국, 일본과 비교할 때는 훨씬 많은 종류의 그릇이 필요하

---

25) 이영심·최정신, 「중국 길림성(吉林省)에 거주하는 조선족(朝鮮族)의 주거 및 주생활: 재한(在韓) 조선족 이주 노동자의 주거 계획을 위한 기초 연구」, 『대한가정학회지』 제45권 7호, 대한가정학회, 2007, 8쪽.

영화 속 아파트의 부엌과 거실

다. 밥과 국을 동시에 조리할 수 있도록 화구(火口)도 넉넉해야 한다.

식재료를 저장할 공간도 필수적인 요소였다. 저장 공간은 실내 공간과 실외 공간으로 나누어진다. 실외 저장 공간으로는 '창고'와 '움' 등이 있다. 아파트 공간 구성에서 가장 큰 문제는 저장 공간이었다. 특히 겨울 동안에 먹을 김치 보관을 위한 공간이 필요하였다. 아파트 공간에 여유가 있으면 좋으련만 그런 공간을 만들기 어려웠다. 아파트 마당에 창고를 만들고 김칫독을 묻을 움을 파는 것으로 해결했다.[26]

---

26) 이영심·최정신, 「중국 길림성(吉林省)에 거주하는 조선족(朝鮮族)의 주거 및 주생활: 재한(在韓) 조선족 이주 노동자의 주거 계획을 위한 기초 연구」, 『대한가정학회지』 제45권 7호, 대한가정학회, 2007, 6쪽: "대지에

김치뿐만 아니었다. 식생활에서 발효문화가 발달한 식생활 문화의 특성상 간장이나 된장 같은 발효식품의 보관 장소도 필요하였다.[27] 아파트의 공용 공간이 있으면 식품 창고로 활용했다.

공동공간이 없으면 아파트 베란다를 저장 장소로 활용했다. 겨울이면 아파트 공용 창구에서 김치를 가져가는 풍경이 낯설지 않았다. 하지만 이는 저장 공간에 물건을 두는 중국인들에게는 낯선 모습이었다.

이는 코리언의 주거 문화에서 공통으로 찾을 수 있는 부분이다. 해외 코리언의 말을 들어보면 전통솥이나 밥솥, 프라이팬, 국그릇, 밥그릇을 보관할 공간이 필요하다고 말한다. 우리 민족의 식생활은 다양한 도구가 필요하다. 식구 숫자만큼의 밥그릇과 국그릇이 필요하고, 반찬을 담을 그릇과 조리도구가 필요하다.

음식을 저장하기 위한 공간도 필요하다. 특히 김치나 된

여유가 있는 경우에는 아파트 마당의 한 쪽에 개인 창고를 계획한다. 보통 5평~7평정도 되는 개인 창고에는 각 호의 사용하지 않는 물건 등을 보관하는데 조선족들은 이곳에 깊이 2~3미터 정도의 움을 파고 김칫독을 파 묻기도 한다."

27) 전영선, 「코리언 생활문화와 의식주」, 『코리언의 생활문화, 낯섦과 익숙함』, 선인, 2014, 54쪽.

아파트 베란다를 작업장으로 활용하는 것을 알 수 있는 북한 드라마

장을 비롯한 장류나 채소를 말리거나 저장할 공간이 넓어야 한다. 조선족의 경우에는 농촌 주택에서 "부엌의 기본 구성요소로서 취사 공간, 물 사용 공간, 저장 공간이 포함된다. 보통 크기가 다른 2~3개의 솥이 걸려 있고, 급수, 배수, 세면을 위한 물 사용 공간이 있어야 한다. 그리고 식품이나 식기를 보관할 수 있는 공간이 있"어야 한다.28)

---

28) 김일학·박용환, 「조선족 농촌주거의 부엌공간의 형태와 취사 및 식사방식: 중국 동북3성 각 지역의 조선족 농촌주거에 대한 조사연구를 중심으로」, 『한국주거학회논문집』 제28집 1호, 한국주거학회, 2010, 14쪽.

7. 위성과학자주택지구의 '남새밭 일화'

위성과학자주택지지구는 김정은의 과학중시 정책을 아파트에 반영한 본보기 아파트 건설 사업이다. 위성과학자주택지구는 '위성과학자'를 위한 아파트 지구이다. 위성과학자는 북한이 주장하는 인공위성인 '광명성' 개발에 참여한 과학자들이다.

국가과학원 소속의 과학자를 비롯하여, 광명성 발사에 참여한 과학자들을 위해 지은 고층아파트이기에 '위성과학자 주택지구'라고 하였다. '위성과학자 주택지구'는 2014년에 준공하였는데, 당시 『로동신문』은 김정은이 "당창건 69돐까지 완공하여 과학자들에게 안겨줄 수 있도록 건설의 전과정을 정력적으로 이끌어 주시였다"고 보도하였다.

김정은은 '사회주의문명국 건설'의 본보기를 위성과학자주택지구에서 누릴 수 있도록 하라고 하였다. 위성과학자주택지구가 완공되자, 대대적으로 입주하는 과학자들의 소식을 보도하면서 "당의 품속에서 온갖 사랑을 다 받아안으며 사회주의 문명을 마음껏 우리게 된 우리 과학자들처럼 복 받은 사람들은 그 어느 나라에도 없을 것이다"면서 김정은 체제와 사회주의 선전으로 활용하였다.[29]

김정은의 위성과학자주택지구 현지지도를 소개한 기사, 『로동신문』, 2014.10.14.

위성과학자주택지구 건설 과정에서 김정은과 관련한 새로운 일화가 만들어졌다. '김장'과 관련한 내용이다. 내용은 이렇다.

위성과학자주택지구 건설이 한창이던 2014년 6월 현장

---

29) 「천지개벽된 위성과학자주택지구의 희한한 풍경: 국가과학원 과학자들 새집들이 시작」, 『로동신문』, 2014.10.20.

을 방문한 김정은 살림집 건설장의 넓은 공터를 보게 되었다. 건설담당자에게 물어 보았더니 설계상으로는 휴식장과 놀이터가 계획되어 있었다. 공터를 바라보던 김정은 남새밭(야채밭)을 만들어주자고 하였다. 최첨단 다층살림집지구에서는 생각하기 어려운 제안이었다. 통상 이런 곳에서는 휴식장이나 놀이터를 건설하는 것이 일반적이었기 때문이었다.

김정은의 이야기는 인민 사랑의 사례로 각색되었다. 2014년 11월 18일자 『로동신문』에서는 '혁명일화' 코너에 '전설같은 사랑의 이야기'로 '남새밭 일화'를 소개하였다.[30]

김정은은 아무도 생각하지 못했던 남새밭을 제안하였다는 것이다.

꽃밭도 아닌 푸르싱싱한 남새밭을 보고 놀라와하는 사람들에게 과학자의 안해들은 눈물이 끌썽하여 이렇게 말해주었다. "우리 원수님의 사랑이 깃든 김장용남새랍니다."[31]

---

30) 「혁명일화. 새 과학자주택지구의 첫 김장철풍경」, 『로동신문』, 2014.11. 28: "위성과학자주택지구의 남새밭일화는 해마다 오는 김장철과 더불어 우리 과학자들을 위한 전설같은 사랑의 이야기로 길이 전해질 것이다."

31) 「혁명일화. 새 과학자주택지구의 첫 김장철풍경」, 『로동신문』, 2014.11.

김정은이 남새밭을 제안한 것은 김장 때문이었다. "평양시 교외에 위치한 살림집 지구의 특성에 맞게 아빠트들 사이에 남새밭을 만들어 올해 김장용 남새를 해결하고 자그마한 온실들도 건설하여주면 과학자들이 좋아할 것이라고, 총배치도에 남새밭과 온실을 반영하고 남새밭정리와 온실건설도 공사계획에 포함시켜 질적으로 해주어야 하겠다"고 했다는 것이다. 그렇게 해서 아파트 한가운데에 채소밭이 있는 이채로운(?) 풍경이 연출되게 된 것이다.

　북한 보도의 내용에 따르면 김정은은 아파트 입주 시기가 10월이었고, 곧 있으면 김장철이 되므로 '김장용 남새'를 해결해주자는 생각에서 나왔다. 그렇게 하여서 고층살

위성과학자주택지구의 김장철 풍경을 소개한 기사, 『로동신문』, 2014.11.28.

위성과학자주택지구 집들이 기사, 『로동신문』, 2014.10.20.

림집 사이에 남새밭이 들어서게 되었고, 입주한 과학자 가족들은 김장 걱정을 덜게 되었다는 것이다. 이렇게 김정은 시대의 신화가 만들어졌다.

제3장 평양 건설의 정치문화사

1. 북한 건설의 출발

: '1954년 전국건축가 및 건설기술자 대회'와 '조선건축가동맹'

북한에서는 건축을 '나라의 면모를 보여주고 역사를 반영하는 거울'로 본다. 북한은 자신의 건축을 주체건축으로 규정한다. 주체 건축의 출발이 된 시점은 "1954년 3월 26일 조선건축가 동맹을 내올 데 대한 귀중한 가르침을 주신 때"로 삼는다.

1954년은 전후복구건설을 위한 준비 단계의 성과를 바

「1만 7철 여 세대의 주택건설을 위하여」, 『로동신문』, 1958.2.25.

탕으로 3개년인민경제계획 수행의 첫해였다. 3개년인민경

제계획 수행을 위한 모든 산업 분야의 문제가 적극적으로

토의되었다.

건설 분야도 국가 계획의 핵심 영역이었다. 건설 분야에

서 과거와 같은 사업 방식에 대한 날카로운 비판이 있었다.

비판 대상은 '청부식 사업작풍'이었다. 김일성은 '청부식사

업작풍이 없어지지 않고 있으며 무질서한 상태가 그냥 남

아 있다'고 비판하면서 필요한 설계문건이 제 때에 갖추어

지지 않았고, 질도 낮기 때문에 건설 기간이 지켜지지 않고, 오작시공, 반복시공을 하는 경우가 많다고 지적하였다.

북한에서 아파트가 본격적으로 도입된 것은 '전후복구건설시기'이다. 전쟁이 끝나고 난 직후 주택 문제가 가장 먼저 주택 문제가 제기된 것은 당연한 결과였다. 평양시민들이 먹고 잘 수 있는 기본적인 생활공간을 복구해야 했다. 아파트는 다수의 시민들을 집합적으로 거주시킬 수 있는 유용한 대안이었다.

위대한 수령 김일성동지께서는 전후복구건설의 방대한 사업을 령도하시면서 수도시민들의 살림집 문제에 깊은 관심을 돌리시고 그 해결을 위한 사업을 적극 밀고 나가시였다.

전후 첫시기 수도에서 전쟁으로 령락된 인민생활을 하루빨리 안정시키며 근로자들에 행복한 생활조건을 마련해주기 위하여서는 무엇보다 살림집을 대대적으로 건설하여야 하였다.

3년간의 전쟁으로 평양시에서는 무려 6만 3,600여호의 살림집이 파괴되였다.

전쟁시기에 수도시민들의 생활안착을 위하여 림시 혹은 반영구적 살림집들이 건설되였으나 그것은 수도시민들의 생

기획도시로 재건설된 평양

활조건을 풀수 없었으며 그들의 살림집조건은 매우 어려운 형편에 있었다.[1]

1950년대부터 본격적으로 도시건설이 시작되었다. 먼저 도시건설을 추진하기 위한 관련 제도와 조직을 정비하였다. 이른바 '민주수도' 평양에 대한 각종 법률이 정비되었고, 건설속도를 올리기 위해 조립식 건축법이 도입되었다. 특히 중요한 성과로 평가하는 것은 조선건축가동맹을 새롭게 결성한 것이었다.

김일성이 건설 분야에 대해서 제기한 문제를 해결하고

---

1) 평양건설전사편찬위원회, 『평양건설전사』 2, 과학백과사전종합출판사, 1997, 162쪽.

종합하기 위한 '전국건축가 및 건설기술자 대회'가 1954년 3월 26일 개최되었다. 이 자리에서 김일성은 「전후복구건설에서 건축가들과 건설기술자들의 임무」를 역설하였다.

김일성은 전후 복구건설 사업에서 건축가, 건설기술자들의 임무로서 '항상 인민을 위하여 복무하는 입장 견지', '새로운 건축예술 창조를 위한 노력', '건설의 속도와 질적 향상', '설계의 표준화', '건재생산의 공업화', '시공의 기계화', '청부업식 사업작풍 퇴치', '신, 구 기술자들의 상호협조', '건설사업에서 규율과 질서 확립'을 강력하게 요구하

김정은이 평양건축종합대학 명예총장을 보도한 『로동신문』 기사

였다. 김일성의 요구는 곧 북한 건축의 기본적인 입장으로
규정되었다.

2. 전후복구건설 시기: '평양 속도', '천리마 속도'의 탄생

1954년은 바로 전후복구를 위한 준비를 바탕으로 3개년
인민경제계획 수행의 첫해였다. 3개년인민경제계획 수행
을 위한 산업 모든 분야의 문제가 적극적으로 토의되었다.
우선 시급한 문제는 건축이었다.

인민들의 거주를 위해 지어야 할 건축에 비해 자재와
장비가 턱없이 부족하였다. 절대적으로 부족한 자재와 장
비를 대응하기 위한 논의가 있었다. 주택 문제를 해결하는
방법으로 제시한 것은 조립식건설이었다. 조립식 주택 건
설 방식은 평양시 주택 건설의 핵심 공법이었다.

'조립식 건설'은 거푸집에 콘크리트를 치거나 자재를 일
일이 쌓아서 건설을 만드는 수공업적인 건설 방법인 '일체
식 건설'과는 구분되는 공업적이고 선진적인 방식으로 주
목받았다.[2)]

평양 곳곳에서 '아빠트'가 건설되었다. 1950년대까지 로

아파트 신축을 소개한 신문기사, 『로동신문』, 1954.05.29.

동신문의 지면은 신축되는 '아빠트' 기사로 채워졌다. 『로동신문』에 실린 아파트 관련 최초의 기사는 1954년 5월 29일자 기사 「신축되는 로동자 아빠트」였다.

평양시 대동문 앞에 5층짜리 노동자 아파트가 건설되고 있다는 보도였다. 광복 9주년인 8·15를 '의의깊게 맞이하기 위하여 민주수도 복구 건설기간을 단축할 데 대한 평양시 복구 위원회 결정을 지지'하면서, '노동자들이 아빠트

---

2) 평양건설전사편찬위원회, 『평양건설전사』 2, 과학백과사전종합출판사, 1997, 243쪽 참고.

건설에 나섰다'고 선전하기도 하였다. 벽돌공 리상진 동무는 '쏘련의 선진 축조방법을 적용하여 자기 책임량을 매일 250% 이상으로 초과'하였다는 기사가 인상적이다.[3] 이런 노력 끝에 '로동자 아빠트'는 같은 해인 1954년 11월 28일에 준공되었다.[4]

1958년 2월 25일자 『로동신문』에 실린 「1만 7천여 세대의 주택 건설을 위하여」 기사는 종전보다 50% 이하의 원가로 건설되는 5층 문화주택 건설 기사가 실려 있다. 원가 절감의 주요 방법은 조립식 건축이었다.

벽체 블록을 조립하면서 공사기간과 비용을 크게 줄였고, 건설건재공업성 평양 건설관리국에서는 주택 건설에 필요한 조립공, 용접공들의 단기 양성 소식이 실려 있다.[5] 이 과정을 통해 '평양속도', '천리마속도'가 탄생했다.

평양시 건설 사업에 전반적인 조립식 건설 방식이 도입되면서, 1958년에는 조립식을 적용한 주택 건설이 100%를 차지하였고, 주택 건설의 조립비용이 95%에 도달할 정도

---

3) 「신축되는 로동자 아빠트」, 『로동신문』, 1954.05.29.
4) 「준공된 로동자 아빠트」, 『로동신문』, 1954.12.29.
5) 「1만 7천여 세대의 주택 건설을 위하여」, 『로동신문』, 1958.02.25.

「조립식 방법은 건설에서의 혁명이다」, 『로동신문』, 1958.06.22.

였다.

　기술자 양성을 통해 전문성이 높아지면서 '기중기 1대당 하루 8~10세대의 건설을 결의'할 정도였다.[6] 이후 1960년 대까지 아파트 건설은 평양을 중심으로 진행되었다. 전쟁 중에 평양시의 대부분이 폐회가 되면서, 우선적으로 거주

---

6) 「조립식 방법은 건설에서의 혁명이다」, 『로동신문』, 1958.06.22.

할 공간이 필요하였다. 우선적인 거주 공간이 해결된 1960년대 이후로는 주택 건설 사업이 '혁명의 수도'로서 평양의 위상을 재건하는 문제로 인식되었다.

평양은 전후의 폐허에서 벗어나 사회주의 도시의 본보기로 거듭나고 있었다. 새롭게 생겨난 대로변에 다층주택이 솟아있고 아동궁전, 세탁소 등 각종 편의시설이 갖춰진 모습은 하나의 구경거리였다. 이러한 과정을 거치면 평양은 주민들의 선망 대상이 되어갔다. 이렇게 변화된 평양의 거리는 '천지개벽'의 새로운 평양이었다.

천리마시대 평양의 변화를 노래한 〈최령감네 평양구경〉을 다시 불러 보자.

> 이 골목도 우뚝 우뚝 저 골목도 우뚝 우뚝
> 종로'자리 복판에서 어리둥절하는 말이
> 땅 속에서 솟아 났나 하늘에서 떨어졌나
> 천리마가 달리더니 천지개벽 하였구나
> —〈최령감네 평양구경〉 중 일부(백인준 작사, 림헌익 작곡)[7]

---

7) 조선문학예술총동맹출판사, 『천리마 시대의 노래』, 1963, 66쪽.

조립식 건축으로 지어지는 아파트 건설

이 골목과 저 골목에서 우뚝 우뚝 빌딩이 솟으면서 종로 거리가 바뀌었다. "종로'자리"('자리는 된소리표기)는 평양의 중심부 거리이다. 서울의 종로와는 한자를 같이 쓴다.

전후복구건설 시기 아파트 건설은 살림집 마련을 위한 애국적인 실현이었다. 다양한 형태로 빠르게, 비용을 최대한 절감하는 방식의 건설 등의 기술적인 문제가 가장 큰 관심사였다.

수도 평양 건설은 도시 차원을 넘어 혁명의 수도를 재건하는 사업이었다. 현재의 평양과 같은 기본적인 도시 구역에 따라서 대규모 아파트 건설이 활발해졌다.[8] 전국에서

---

8) 「겨울철을 앞두고 평양시에서 주택 건설 활발」, 『로동신문』, 1960. 10. 19; 「민주 수도: 평양시의 주택 건설을 더욱 촉진시키자!」, 『로동신문』, 1962.03.27; 「혁명의 수도 평양시 건설장들에서 사회주의 경쟁의 불길이

평양 건설을 표지로 한 잡지 『천리마』 1964년 9호

건설자들이 참여하였다. 평양 건설 과정에서 해결해야 할
과제의 하나는 수해 방지였다. 대동강과 보통강을 끼고 형
성된 평양이었다. 수해 문제로부터 자유로울 수 없었다.
수해 지역을 중심으로 안정적인 주택 건설이 절실해졌다.9)

타오른다」, 『로동신문』, 1967.09.10.

평양 건설은 도시 건축적 목적과 함께 사회교양적인 측면이 철저히 고려되었다. "평양은 인민들이 가장 살기 좋은 아름다운 도시일 뿐만 아니라 그들을 위하여 하나의 사상문화교양의 대전당"으로 꾸려야 한다는 목적이 평양 도시 건설 곳곳에 반영되었다.

무엇보다 중요하게 생각한 것은 김일성의 동상을 세우는 것이었다. 평양의 중심인 만수대언덕 위에 김일성의 동상이 세워졌다. 다음으로는 인민교양과 관련한 시설물이었다. 혁명사적지와 교육기관들이 평양의 중심부에 세워졌다.

평양에는 만경대를 비롯한 혁명사적지, 조선혁명박물관, 조국해방전쟁승리기념관, 인민문화궁전을 비롯한 문화기관들 그리고 김일성종합대학을 비롯한 교육기관들이 수많이 꾸

---

9) 「혁명의 수도 평양시 건설장들에서 사회주의 경쟁의 불길이 타오른다」, 『로동신문』, 1967.09.10: "지금 각 주택 건설장들은 수도를 수해전보다 더 웅장하고 아름답게 꾸릴데 대한 수상동지의 교시를 관철함으로써 한동의 다층주택이라도 더 빨리, 더 좋게 건설하여 당과 수령의 배려가 하루속히 수재민들에게 우선적으로 미치게 하려는 일념으로 새로운 건설속도를 창조하고 있는 수도건설자들의 드높은 혁명적열정으로 하여 불도가니마냥 끓어번지고있다."

려져있어 인민들의 사상문화교양에 적극 이바지하고 있다.10)

1950년대 북한에서 꿈꾸었던 도시가 어떤 것이었는지를 확인할 수 있는 문학작품으로 김상오의 시 〈소원〉이 있다.

〈소원〉은 『조선문학』 1958년 1호에 실린 1958년 새해를 맞이하여 쓴 시로 새해에는 사람들이 건강하고 늙지 말았으면 하는 내용으로부터 세계 평화를 바라는 내용이다. 〈소원〉 중에는 도시와 거리에 대한 내용이 있다.

나의 소원은 도시마다 집들이 더 많이 서고
사람들이 모두 밝고 넓은 방에서 살게됐으면
눈이 얼리우게 화려한 백화점이 늘어선
거리들이 꽃밭처럼 아름답게 피여났으면

거리마다 가로수가 더 많아지고 무성해지고
그 밑을 저녁마다 거닐기가 즐거우리라
어여쁜 처녀들이야 이미 나를 바라보랴만

---

10) 리현덕, 「주체적인 수도건설구상을 꽃피우는 위대한 향도」, 『천리마』 1982년 2호.

내가 그들을 황홀하게 바라본들 상관있으랴

거닐다가 피곤하면 그 어데든 걸터앉으리
허긴 걸'상마다 이미 쌍쌍이 차지했겠지
이리하여 또 하나 나의 소원은
소공원에 더 많이 뻰취가 놓여졌으면

—김상오, 〈소원〉 일부11)

시인은 도시에 더 많은 집들이 들어서고, 넓은 방에서
살게 되었으면 좋겠고, 화려한 백화점이 늘어선 거리가 생
겨나고, 거리에 가로수가 무성해서 산책도 하고, 산책도
하다가 쉬기도 할 수 있게 작은 공원에 벤치가 놓였으면
좋겠다는 것이다.

『조선문학』 1958년 4호에는 김광현의 〈서울도 평양과
같이〉라는 제목의 수필이 실렸다. 수필에는 1950년 8월 초
이튿날 저녁에 서울역에서 평양행 직통 열차를 타고 평양
으로 가게 된 주인공이 나온다. 주인공은 화가 정현웅, 여
배우 김선영 동무들과 같이 열차에 앉아서 눈웃음을 지으

---

11) 김상오, 〈소원〉, 『조선문학』 1958년 1호, 조선작가동맹출판사, 3쪽.

며 입만 벙글거렸을 뿐이다. 전쟁이 끝나고 5년 동안에 평양에 얼마나 크고 많은 집들이 들어섰는지를 몰랐다. 평양을 보면서, 서울도 평양과 같이 아름답고 행복한 도시로 가꾸어야 한다는 내용으로 끝을 맺는다.

3. 1970년대
: 불붙은 속도전, 제5차 당대회와 30만 세대 살림집 건설

1970년대는 아파트 건설은 경제건설계획에 따라 추진되었다. 평양은 북한의 수도로서 인구의 이동을 최대한 억제했다. 그럼에도 불구하고 인구 유입을 완전히 차단하지는 못하였다. 많은 인구가 평양으로 유입하였고, 인구유입에 따른 주거부족 현상이 일어났다. 이를 해결하기 위해 고층·고밀도 주거가 새로이 계획되었다.12)

당에서도 당대표자대회, 당대회 등을 통해 경제발전의 목표가 세워졌고, 이를 실현하기 위한 집중적인 주택 건설

---

12) 임동우, 「평양의 도시 계획」, 『환경논총』 52권, 서울대학교 환경대학원, 2013, 55쪽.

도시건설장에 나설 것을 강조한 드라마 〈그 처녀의 이름〉

이 이루어졌다. 1970년 제5차 당대회를 전후해서 주택 건설 사업이 전국적 차원에서 독려되었다.

1970년 11월 2일 개막된 제5차 당대회에서 '중앙위원회 사업 총화 보고'를 한 김일성은 '인민 생활의 균형적 발전'을 언급하면서 해마다 30만 세대의 살림집 건설을 제시하였다.

인민들의 생활문제를 더욱 원만히 풀기 위하여 살림집을

계속 많이 지어야 하겠습니다. 해마다 도시에서 10만 세대, 농촌에서 15만~20만 세대씩의 살림집을 짓기 위한 전군중적 운동을 벌려 지금 모자라는 살림집과 앞으로 인구가 늘어나는데 따르는 살림집 수요를 해결하도록 할 것입니다. 그리고 살림집들을 알뜰하고 쓸모있고 현대적이며 문화적으로 짓도록 하는데 응당 큰 관심을 돌려야하겠습니다.[13]

1970년 제5차 당대회에서는 1961년에 있었던 제4차 당대회에서 제시된 '7개년 계획 수행 총화'와 함께 '인민경제 발전 6개년(1971~1976) 계획'이 선언되었다.

1961년 4차 당대회에서 제시된 7개년 계획은 '더욱 심해진 미제국주의자들의 전쟁 도발 책동으로 국방력 강화에 힘을 쓰느라 불가피하게 영향을 받아 3년 동안 연장하기로 결정하였다'고 보고하였다. 계획대로 이루어지지 않았음을 시인한 것이다.

이어 제5차 당대회 이듬해인 1971년부터 시작될 6개년 계획을 발표하였다. 주택 건설과 관련하여 제시된 방향은

---

13) 「조선 로동당 제5차 대회에서 한 중앙위원회 사업 총화 보고(김일성)」, '우리 나라 사회주의 제도를 공고 발전시키기 위하여. '5. 인민 생활의 균형적 발전', 『조선로동당대회자료집』 제3집, 국토통일원, 1988, 57쪽.

'건설의 공업화 수준을 높이는 것'이었다. "아직도 손 로동이 많고 힘든 로동이 적지 않게 남아 있어서 건설속도를 높이며, 건설원가를 낮추는데 큰 지장을 주고 있다"고 지적하였다.

> 우리는 조립식 건설의 비중을 더욱 높이고 미끄럼식 건설 방법을 널리 적용하여 건설작업의 기계화 수준을 결정적으로 높이도록 해야 하겠습니다. … 고층, 주택 공공건물과 같은 현대적 고층 건물 건설에서 미끄럼식 건설 방법을 비롯한 선진시공방법을 널리 적용하여 건설 속도와 건설물의 질을 높이도록 해야 하겠습니다.[14]

1970년 제5차 당대회의 결정에 따라서 살림집 30만 세대 건설 사업이 1971년부터 본격적으로 진행되었다. 1971년 6월 13일자 『로동신문』에는 '해마다 30만 세대의 살림집건설 운동'이 소개되어 있다.

'30만 세대 살림집 건설'사업을 위한 건재생산과 각종

---

14) 「조선 로동당 중앙 검사 위원회 사업 총화보고(김일성)」, '조선 민주주의 인민 공화국 인민경제발전 6개년(1971~1976) 계획에 대하여, 사. 기본 건설', 『조선로동당대회자료집』 제3집, 국토통일원, 1988, 145~146쪽.

30만 세대 살림집 건설을 소개한 기사, 『로동신문』, 1971.06.13.

기계와 설비를 만들어줄 것을 강조하였다. 이렇게 하는 것이 "근로자들의 살림집 문제를 더욱 원만히 해결하고 나라의 경제를 전반적으로 발전시키며 사회주의제도의 우월성을 발양시키는 중요한 사업"으로 규정하고, 30만 세대 살림집 건설을 위한 적극적인 참여를 강조하였다.15)

1970년대까지 아파트 건설의 핵심은 '속도'였다. 보다 많은 주택을 제공하기 위해서는 다량의 아파트 건설이 필요하였다. 이는 북한의 자랑하는 속도와 결합된 건설전투로 진행되었다. 대표적인 것이 '천리마'였다. '동무는 천리마를 탔는가?'는 천리마 시대의 핵심 구호였다.

---

15) 「해마다 30만 세대의 살림집건설운동을 힘있게 벌리자!」, 『로동신문』, 1971.06.13.

지금도 평양의 도시를 상징하는 동상 가운데 하나가 '천리마동상'이다. 하루에 천리를 간다고 해서 붙여진 천리마는 곧 새로운 평양 건설의 상징물이었다. 그리고 평양시의 주요 거리 건설 사업은 그대로 '천리마 속도'의 전투장이었다.

당 대회를 통해 제시된 30만 세대 살림집 건설이 강조되면서 속도전의 끝판을 보여주는 기록이 나왔다. 다층살림집 건설에서 보여준 기록은 가시적인 아파트 높이만큼의 사회주의 건설의 자부심이었다.

평양의 주요 거리에서 하루가 다르게 고층살림집들이 생겨났다. 1971년에 '다층살림집 한 동을 60일에 건설하는 투쟁'이 보도되었다.16)

이후로는 상상할 수 없는 속도전 경쟁이 붙었다. '수령님 은덕으로 솟아'나고 있다고 소개한 '락원거리건설장'에서는 '현대적인 다층주택 건설에서 살림집 한 세대를 7분 동안 조립'이라는 '전례 없는 기적, 놀라운 새로운 건설속도'가 나왔다.

---

16) 「다층살림집 '한동 60일완공투쟁'의 불길이 타올랐다」, 『로동신문』, 1971.11.17.

'한 세대 한 세대(5~6칸)를 조립하는 데 7분, 축조 작업은 3.5분, 18층 한 동의 타일 붙이기 작업은 7시간, 전원형 다층주택의 미장작업은 3일, 기초공사는 2일에 끝내는 기록'이 나왔다.

이러한 기록은 '보통 조립이 70~80% 진행된 다음에 축조를 따라 세우고 뒤이어 미장작업과 마감작업이 진행되던 전례를 깨고, 흐름식에 의한 순차성의 낡은 시공방법을 대담하게 짓부시고 조립과 축조, 미장과 마감공사를 거의 동시에 시작하는 전혀 새로운 시공방식의 결과'로 소개하였다.[17]

1970년대 살림집 건설에서 강조하는 것은 '문화후생시설'이었다. "인구가 급속히 늘어나고 있을 뿐만 아니라 인민들의 물질문화생활이 급격히 향상됨에 따라 살림집과 문화후생시설에 대한 요구성도 더욱 높아지고 있다"[18]는 것이었다.

---

17) 「수령님 은덕으로 솟아나는 락원거리건설장에서 전례없는 기적, 놀라운 새로운 건설속도를 창조 다층주택 건설에서 살림집 한 세대 7분동안에 조립!」, 『로동신문』, 1974.01.24.

18) 「해마다 30만 세대의 살림집건설운동을 힘있게 벌리자!」, 『로동신문』, 1971.06.13.

다층 살림집 한동을 60일 동안에 완공한 보도 기사, 『로동신문』, 1974.01.24.

시대에 어울리는 물질문화생활을 보장할 수 있는 향상된 건축을 요구했다. 키워드는 '문화', '현대적'이었다. 기존의 주택 건설과 달리 새로운 주택 건설이 상대적으로 넓은 단위를 의미하는 '지구', '거리' 단위의 살림집이 건설되었고, '문화주택', '현대적인 주택거리' 등의 용어가 등장하였다.

나는 지금 위대한 수령님의 수도건설구상에 의하여 새로 일어서는 하신거리에서 고층주택을 짓고 있다. 기중기가 물어다주는 부재를 받아 번개같은 속도로 조립해나갈 때마다 나의 가슴은 건설자의 긍지와 자랑으로 끓어번진다.

내가 처음 수도건설자의 여예를 지니고 건설에 참가한 것이 평양대극장을 지을 때다. 그해에 갓 장가를 든 나는 아들을 보았다. 그 아들이 올해에 열여덟살이다. 열여덟해동안 나는 수도건설에 참가하고있는 것이다.

열여덟해라는 한 인간의 생애는 결코 짧지 않은 그리고 가장 힘이 왕성하고 결패있는 청춘시절에 나는 수도의 휘넓은 부지우에 얼마나 많은 부재를 조립하였던가. 천리마거리, 비파거리, 락원거리를 비롯하여 수도의 기념비적건축물인 평양대극장, 평양체육관, 텔레비죤방송탑.

집 하나를 지어도 현대적인 미감에 맞고 인민들이 사용하는데 편리하도록 하라는 어버이수령님의 크나큰 사랑과 배려가 깃든 건축물 하나하나를 더듬는 나의 가슴은 흥분으로 설레인다.[19]

---

19) 「건설자의 영예」, 『천리마』 1978년 11호.

평양시 평천구역 살림집 건설을 소개한 기사, 『로동신문』, 1971.11.17.

평양의 서성거리도 이때 새롭게 건설되었으며, 평천구
역에도 새로운 살림집이 건설되었다. 고층아파트만 건설
된 것이 아니라 높지 않은 아담한 규모의 중소형 아파트도
건설되었다. 평천구역에 세워진 살림집은 3층 높이의 100
세대 아파트를 비롯하여, 140여 세대, 270여 세대 규모의
살림집이 건설되었다.[20]

---

20) 「짓기도 헐하고 살기도 좋은 많은 세대의 살림집을 일떠세운다: 평양시
    평천구역에서」, 『로동신문』, 1971.11.17.

4. 1980년대: 높이 올려라, 고층살림집

집착에 가까운 속도를 강조한 아파트 건설은 1980년대에도 계속되었다. 속도에 대한 집착은 1980년대를 넘어 김정은 체제까지 이어지는 북한식 아파트 건설 방식으로 자리매김하였다.[21]

속도에 대한 강조와 함께 환경이 강조되었다. 속도와 환경이 강조된 것은 1980년대부터인 도시 개발이 대규모 단위로 건설이 추진되었던 것과 관련된다. 1980년대 대표적인 도시 건설 사업으로 창광거리, 문수거리 개발 사업이 있다. 속도와 함께 강조된 것은 '고층', '살기 좋고', '편안한', '희안한' 등이었다. 빠르고 살기 좋은 살림집이 건설되었다고 소개하였다.

속도는 기본이었다. 속도에 더하여 높이와 규모를 강조하였다. 속도보다 '화려한 고층살림집'이 강조되었다. 평양에서는 창광거리, 문수거리의 고층살림집에 이어 버드나무거리, 북새거리에 만 세대 이상의 살림집이 들어섰다.

---

21) 「고층살림집건설에서 새기록」, 『로동신문』, 1983.07.09; 「초고층살림집 골조공사 최고기록」, 『로동신문』, 2011.09.25.

함흥시의 1만 세대를 비롯한 전국의 주요 지역에서 고층살림집이 건설되었다.

평양에서의 도시 건설은 이념 대결이 더해지면서, '공산주의 이상 거리' 건설이라는 목표로 진행되었다. 당연히 아파트 건설에 보인 최고지도장의 관심은 대단했다. 아파트 건설을 비롯한 모든 도시 계획이 최고지도자의 이름으로 기획되었고, 최고지도자의 관심과 격려 속에 속도를 높혀갔다.

락원거리, 창광거리 건설의 경험을 바탕으로 문수거리, 버드나무거리 건설로 옮겨가면서, 평양의 거리는 현재의 모습에 가깝게 꾸려졌다. 현재의 평양거리는 1980년에 골격이 완성되었다고 할 수 있다.

4.1. 창광거리: 공산주의 본보기 도시

1980년대 평양 건설의 출발은 락원거리에 이어서 건설된 창광거리였다. 창광거리는 서평양 지역의 가운데 있다. 서울은 한강을 중심으로 남북으로 나뉘어지는데, 평양은 대동강을 중심으로 동서로 나뉜다.

전통적으로 평양의 중심 지역은 서평양이다. 서평양은

원래 평양이라는 의미로 본평양이라고도 한다. 창광거리는 평양시 중구역 보통문에서 평양역 사이의 약 2.4km 거리이다.

'창광거리'는 1980년대 아파트 건설의 목표였던 '공산주의 도시' 건설의 본보기 사업으로 진행되었다. '중앙식 난방'도 도입되었다. 김일성의 관심도 컸다. 김일성은 "도시와 농촌에 살림집을 대대적으로 건설하여 인민들의 살림집문제를 원만히 풀며 큰 도시들을 모두 중앙난방화하여 인민들이 보다 편리하고 문화적 생활을 누려야 하겠습니다"고 하였다.

김일성의 교시에 맞추어 1만 7천 세대의 고층살림집이 건설되었다.[22] 2~3층의 주택들로 이루어졌던 윤환선 거리의 옛모습은 사라졌고, 1980년 10월에 1차로 도시가 정비되었고, 1985년에 2차로 도시 정비가 이루어졌다. 20층에서 30층 사이의 고층건물이 들어선 현대적인 거리가 되었다.

창광거리 건설에 대해서 북한에서는 "더 훌륭한 공산주의살림집본보기를 마련해주시기 위하여 일찍이 건설력사에 없었던 대담하고 통이 큰 건설"[23]의 결과로 선전한다.

---

22) 「살림집건설을 첫 자리에 놓으시고」, 『천리마』 1984년 12호.

창광거리 건설이 주목받았던 것은 여러 가지 이유가 있었다. 우선 규모가 컸다. 북한은 "한 개 도시와 맞먹는 류환선거리"를 통째로 쓸어내고 세운 대단위 건설이었다.

창광거리의 살림집이 이전의 살림집과 구별되는 것은 쾌적한 환경이었다. 세대당 면적도 150㎡로 이전의 살림집보다 넓었으며, 칸수도 3칸이었다.[24] 3칸으로 설계한 것에 대해서는 '한 칸은 늙은 부모들이 있게 하고 한 칸은 아이들이 있게 하며 한 칸은 부부가 생활하는 공간으로 설계하였다"고 선전한다.[25]

창광거리가 이전의 아파트와 차별되는 넓이와 방수를 갖게 된 것은 창광거리 개발이 '공산주의 리상거리'를 만들자는 목표로 세워졌기 때문이었다.

---

23) 「건축의 영재」, 『천리마』 1985년 7호.
24) 북한에서 아파트의 넓이를 말하는 '평'은 우리가 알고 있는 평이 아니다. 북한이탈주민들이 북한에서 100평 아파트에 살았다. 150평 아파트에 살았다고 하는 경우가 있다. 그렇게 넓은 아파트가 있을까 싶을 정도이다. 거짓말을 하는 것이 아니다. 남북에서 주거면적을 이야기하면서 '평'이라고 하지만 같은 평이 아니다. 평에 대한 개념이 다르다. 남한에서 평은 전통적인 의미에 평이다. 즉 3.3㎡를 한 평으로 했던 평의 개념이 남아 있다. 그러나 북한에서는 1㎡를 한 평이라고 한다. 전통적인 도량형의 용어를 현대식으로 부르는 것이다. 그래서 북한에서 150평 아파트라고 하면서 45.4평이 된다.
25) 「건축의 영재」, 『천리마』 1985년 7호.

락원거리를 일떠세운데 이어 창광거리를 도시의 중심부에 일떠 세울 때 당에서 가르쳤다. 우리는 공산주의 리상거리를 만들자는 것이다.

공산주의리상거리, 오랜 세월 사람들이 그려온 공산주의 리상도시건설의 본보기로 될 그 거리는 과연 어떻게 건설하여야 하는지 설계가들자신도 미처 몰랐다.

하기에 당에서는 근로인민대중이 자주적이며 창조적인 생활을 마음껏 누릴수 있는 그 거리의 형성으로부터 설계, 시공에 이르기까지 하나하나 구체적으로 가르쳐주었다.

그리고 창광거리가 다 건설되였을 때 당에서는 가르쳤다.

앞으로 전체 인민이 이런 살림집에서 살게 하려는 것이 리상이라고.

그 이름 조국땅에 영원히 푸르고 빛나라고 우리 당이 이름지어준 창광거리.26)

사회주의 이상도시 건설을 목적으로 진행된 창광거리 건설 사업은 자본주와는 다른 사회주의체제의 선전으로

---

26) 리현덕, 「주체적인 수도건설구상을 꽃피우는 위대한 향도」, 『천리마』 1982년 2호.

활용되었다. 창광거리가 완성된 이후 "창광거리는 거리와 건물 형태가 철하절승 금강산을 방불케하는 다양한 모습과 최신형으로 갖추어진 생활 조건, 넓은 공간으로 '외국의 벗들이 한결같이 공산주의 이상거리'로 부러워하는 거리가 되었다"고 자랑하였다.27)

4.2. 문수거리

: 제6차대회 결정 관철을 위한 첫 전투

문수거리는 문수봉 서쪽 평야에 건설된 주택지구로 대동강구역 문수네거리에서 문수무궤도전차 주차장까지의 거리이다. 문수거리 건설은 2단계로 진행되었다. 1단계는 1980년 11월 7일부터 1982년 4월 14일까지, 2단계는 1982년 4월 17일부터 1983년 10월까지 17,000여 세대의 주택이

---

27) 리현덕, 「주체적인 수도건설구상을 꽃피우는 위대한 향도」, 『천리마』 1982년 2호: "정방형, 전원형, 탑형, 톱날형…그 모양도 천태만상인데 민족적정서에 맞는 봄빛, 가을빛 색조화는 또 얼마나 은은하고 흐뭇하고 정서적인가. 집집마다 네칸방에 가정살림에 필요한 모든 가구들과 부엌세간들이 최신형 일식으로 다 갖추어진 생활조건. 70㎡의 살림집에서 살고있는것을 자랑해온 유럽의 한 벗은 150㎡의 창광거리 살림집을 보고서는 더 말을 못했다. 하기에 창광거리를 보고난 외국의 벗들은 한결같이 '세상에 처음보는 공산주의리상거리'라고 감탄을 금치 못한다."

건설되었다.

문수거리의 중심에는 문수공원이 있고, 거리 주변에는 청년중앙회관, 동평양대극장, 김만유병원, 대성백화점 등이 들어서 있다.

북한의 문건에 의하면, 문수거리 건설은 창광거리 건설이 끝나갈 즈음인 1980년에 구상되었다. 창광거리 건설이 마무리 단계에 접어든 1980년 가을 '친애하는 지도자'가 창광거리 아파트 30층에 올라 동쪽거리를 바라보면서, '이제 문수거리 차례입니다. 지체없이 공사를 시작하여야 하겠습니다'라고 지시하였다는 것이다.

1980년 가을 어느날 친애하는 지도자동지께서는 몸소 완공된 창광거리를 돌아보신후 30층 아빠트에 오르시였다.

바깥에서 바라보아도 좋지만 집안에 들어와보니 더 좋다고 못내 만족해하시며 살림집내부를 구석구석 돌아보시던 친애하는 지도자동지께서는 거리가 한눈에 바라보이는 어느 한 창가에서 걸음을 멈추시였다.

시원하게 뻗은 대통로며 기존건축형식과 달리 련결봉사건물없이 푸른 잔디밭으로 둘러싸인 환한 공간에 우뚝우뚝 솟아있는 웅장하고 아름다운 건물들을 볼수록 황홀하였다.

이 땅우에 아름다운 락원의 거리를 펼치실 또 하나의 새롭고 웅장한 설계도를 그리시는듯 허리에 한손을 얹으시고 멀리 수도의 동쪽거리를 바라보시는 친애하는 지도자동지의 안광은 영채로 빛났다.

친애하는 지도자동지께서는 이윽고 동행한 일군들을 바라보시며 류환선거리를 완성하였으니 이제는 문수거리차례입니다. 지체없이 공사를 시작하여야 하겠습니다 라고 힘있게 말씀하시였다.[28]

이후 문수거리 건설 사업은 즉각적으로 진행되었다. 문수거리 건설은 북한의 거리 건설 사업에서도 대규모 건설이었다. 옛부터 도심의 역할을 했던 서평양과 달리 동평양지구는 아직 개발이 되지 않은 곳이 있었다. 문수거리 역시 벌판으로 개발되지 않은 곳이었다.

문수거리 건설 사업은 아직 개발되지 않은 벌판에 대규모 아파트를 건설하는 사업이었다. 문수거리 건설 사업을 "우리 당 제6차대회결정 관철을 위한 첫 전투목표"로 설정하고는 총력적인 지원을 하였다.[29]

---

28) 「살림집건설을 첫 자리에 놓으시고」, 『천리마』 1984년 12호.

제6차 노동당 대회는 1970년에 열렸던 제5차 대회 이후 10년 만인 1980년 10월 10일부터 14일까지 당창건일에 맞추어 대규모 대회로 진행되었다. 마르크스 레닌주의가 삭제되고 주체사상이 유일한 지도이념으로 확정되며, '전국적 범위에서의 민족해방 인민민주주의혁명 및 북반부의 사회주의 완전승리라는 당면목표와 온사회의 주체사상화 및 공산주의건설'이라는 최종 목표가 채택되었다.

내부적으로는 김정일이 후계체제로 공식 인정받은 대회였다. 1970년 10월 14일에 열린 중앙지도기관 선거에서 김일성은 당 중앙위원회 총비서로 추대되었고, 김정일은 당 중앙위원회 정치국 상무위원, 정치국 위원, 당 중앙위원회 비서, 군사위원회 군사위원으로 선출되었다. 김정일의 나이 38세였다. 참고로 제7차 대회는 2016년 5월 6일에 개최되었으니, 7차 대회는 6차 대회가 열린 지 36만에 열

29) 북한에서 '조선로동당 대회'는 최고 권위를 가진 대회이다. 노동당의 최고지도기관이자 결정 기관이다. 당대회는 최고의사결정기구로 '당노선과 정책 및 전략전술에 관한 기본문제'를 결정'한다. 당대회의 사업은 다섯 가지로 '당중앙위원회와 당중앙검사위원회의 사업 총화', '당의 강령과 규약을 채택 또는 수정 보충', '당의 로선과 정책, 전략전술의 기본문제를 토의결정', '조선로동당 총비서 추대', '당중앙위원회와 당중앙검사위원회 선거'이다.

린 대회였다.

문수거리 건설은 이처럼 중요한 의미를 부여한 건설 사업이었다. 건설을 지원하기 위한 총력 지원체제가 갖추어졌다. '평양의 거의 모든 건설기업소와 구역의 돌격대원들로 강력한 건설그룹'이 만들어졌다.

김정일도 직접 건설과 관련한 문제를 해결하면서 건설을 독려하였다. 문수거리 1단계가 건설이 끝나가던 1982년 4월 13일 문수거리를 찾은 김정일은 크게 만족해 하였다고 한다. 김정일은 문수거리 건설에 대해 "평양은 우리 나라의 거울과 같다고 하시면서, 이제는 평양시가 웅장화려하게 잘 꾸려졌다"고 못내 기뻐하면서 건설자들을 독려하였다고 한다.[30]

---

30) 「살림집건설을 첫 자리에 놓으시고」, 『천리마』 1984년 12호: "문수거리 건설을 위하여 끝없는 사랑과 뜨거운 은정을 다 바쳐오신 친애하는 지도자동지께서는 1982년 4월 13일 친히 문수거리를 찾아주시였다. 친애하는 지도자동지께서는 밤이 깊어 자정이 다 되어오도록 문수거리의 넓고 시원한 대통로들과 현대적 고층살림집들을 일일이 돌아보시면서 우리의 건설자들과 지원자들에게 분에 넘치는 높은 치하를 안겨주시고 그들을 새로운 로력적 위훈에로 힘있게 불러주시였다. 친애하는 지도자동지께서는 평양은 우리 나라의 거울과 같다고 하시면서, 이제는 평양시가 웅장화려하게 잘 꾸려졌다고 못내 기뻐하시였다."

4.3. 광복거리와 안골체육촌
: 제13차 세계청년학생축전을 위한 도시 정비

광복거리 건설은 1980년대 건설 사업 중에서도 주목받는 본보기 아파트 건설 사업이었다. 광복거리는 평양시 만경대구역 광복역에서 '만경대갈림길유래비'에 이르는 5.4km 거리이다. 광복거리 건설 사업이 특별히 주목받는 것은 1989년으로 예정된 '제13차 세계청년학생축전'과 연관되어 진행된 도시 정비 사업이기 때문이다.

1988년 서울 올림픽이 결정되면서, 북한은 88서울 올림픽에 대응하여 세계청년학생축전을 유치하였다. 광복거리는 13차 세계청년학생축전을 위해 정비된 안골체육촌과 이어져 있었다. 메인스타디움이었던 릉라도 5·1경기장으로부터 대동강을 끼고 올라오다보면 평양 도심의 끝자락에 안골체육촌이 위치한다. 안골체육촌의 끝에서 도심으로 이어지는 거리가 광복거리이다.

광복거리 건설은 안골체육촌 건설과 동시에 진행되었다. 살림집 건설이었지만 기존의 살림집 건설과는 다른 조건이 있었다. 외부의 시선이었다. 광복거리 아파트는 국제적인 체육 행사가 열리고, 체육촌으로 가는 길목에 세워지

광복거리 건설을 소개한 기사, 『로동신문』, 1987.6.6.

는 아파트였다.

국제대회를 위한 건설이었다. 외부의 시선을 의식하지 않을 수 없었다. 더욱이 1980년대는 동서 양진영의 이념 대결이 스포츠 무대로 옮겨졌던 시기였다.

1974년 10월 23일에 IOC총회에서 하계올림픽대회 개최 지 결정에서 미국 로스앤젤레스가 소련의 모스크바에 지면서 1980년 하계올림픽은 모스크바로 결정되었다. 이 결정 이후 미국이 올림픽 대회를 보이콧하면서, 1980년 하계 올림픽은 반쪽행사로 치러졌다. 이어 1978년에 열린 IOC 총회에서는 미국 로스앤젤레스가 단독으로 신청하여 1984년 올림픽 개최지로 결정되었다. 이번에는 소련의 주도로 동독, 폴란드 등을 비롯한 여러 나라들이 불참하였다. 이어서 개최된 1988년의 서울 올림픽에서는 스포츠 정신이 강조되었고, 12년 만에 IOC 회원국 가운데 대부분인 160개국이 참가한 역대 최대 규모의 올림픽으로 진행되었다.

미국과 소련의 양대 진영으로 갈렸던 국가들이 하나가 되어 참가한 올림픽대회를 의식한 북한은 서울올림픽 대회보다 성대하고 화려한 대회로 준비하였다. 1989년 평양에서 열린 제13차 세계청년학생축전에는 전 세계 177개에서 22,000명이 참가하면서, 세계청년학생축전에서 가장 많은 나라가 참가한 대회로 치러졌다.

북한은 제13차 세계청년학생축전을 위해 릉라도에 15만명을 수용할 수 있는 메인스타디움을 건설하였다. 평양 시내에도 새로운 건물이 세워졌다. 양각도에 평양국제영화회관, 동평양대극장, 평양교예극장, 양각도축구장, 평양국제통신센터, 청년호텔 등이 광복거리와 함께 건설되었다.

안골체육촌은 제13차 세계청년학생축전을 위해 건설된 10여개의 체육 시설 밀집지역이다. 88서울올림픽에 대한 대응적 성격이 강했던 국제스포츠 행사였다. 옛지명이었던 '안골'의 이름을 따서 안골체육촌으로 명명되었다. 수영장, 탁구경기장, 중경기관, 경경기관 등 경기 종목의 특성을 반영한 체육관이 건설되었다.

안골체육촌과 연결된 광복거리의 아파트 건설은 북한식 사회주의 건설의 위용을 대외적으로 드러나게 보여주어야 했다. 외관부터 사회주의 본보기가 되어야 했다.

광복거리 아파트는 고층에 특색을 갖춘 아파트로 건설되었다. 그 결과 아파트 건설에서 보여주었던 형식적인 통일성보다는 아파트 모델을 선보이듯이 다양한 형식으로 건설되었다. 탑식, 원형, 반원형, 유선형, 꺾임형의 형태에 8층부터 42층까지 "다양하고 덩치가 큰" 고층살림집 2만 6천세대가 들었다.[31]

---

31) 「새로 형성되는 고층살림집거리」, 『로동신문』, 1987.06.06.

1980년대 아파트 건설 사업을 대표하는 광복거리 아파트.

5. 1990년대: 추춤해진 규모의 경쟁

1980년대 후반까지 진행된 북한의 아파트 건설은 광복
거리 건설 사업 이후로는 기사화되지 않았다. 『로동신문』
에서 살림집 관련 기사로는 1987년 6월 6일 「새로 형성되
는 고층살림집거리」가 있었다. 이후 1990년대, 2000년까지

는 기사를 찾을 수 없다.

『로동신문』에서 살림집 관련 기사가 실린 것은 2009년 이었다. 2009년 10월 22일 만수대거리 아파트를 소개한 「선군시대 본보기로 일떠선 만수대거리의 만점까지 살림 집들」 기사가 실렸다.

1987년부터 2009년까지 『로동신문』에서 살림집 건설과 관련한 기사는 찾을 수 없다. 물론 이 시기 아파트 건설이 중단된 것은 아니었을 것이다. 북한의 살림집 건설은 계속 되었지만 이를 기사화하여 보여줄 상황은 아니었다는 것 을 짐작할 수 있다.

살림집은 평양을 비롯한 북한의 만성적인 문제이다. 부 족한 살림집 건설을 위한 대규모 건설은 시기를 막론하고 진행되었다. 1980년대 후반부터 2009년 사이에 아파트와 관련한 『로동신문』의 기사는 없었지만 1990년대에도 북한 의 아파트 건설은 계속되었다.

1990년대에도 살림집 건설은 중요한 문제였다는 것은 문건을 통해서 확인된다. 1990년 신년사와 당중앙위원회 제6기 제17차 전원회의에서 사회주의 건설 목표가 제시되 었는데, 핵심 과제의 하나로 1990년부터 1991년까지 5만 세대 살림집 건설 문제가 제기되었다.

위대한 수령님께서는 올해 신년사와 당중앙위원회 제6기 제17차전원회의에서 1990년대 사회주의건설목표와 인민경제 모든 부문, 모든 단위들에서 최대한 증산과 절약 투쟁을 힘있게 벌려 사회주의건설에서 다시한번 혁명적대고조를 일으킬데 대한 전투적과업을 제시하시면서 평양시를 비롯한 도시와 농촌들에 현대적인 살림집을 대대적으로 건설하여 인민들의 의식주문제를 사회주의적요구에 맞게 더욱 원만히 해결할 데 대하여 교시하였습니다.[32]

5만 세대 살림집 건설은 광복거리 2단계, 통일거리, 하당거리 건설을 비롯한 평양과 지방에서 진행되었다. "통일거리에 18,700여세대, 광복거리 2단계에 10,200여세대, 석봉지구를 포함한 시내곳곳에 1,300여세대"의 3만 세대 건설과 평양 시내 여러 지구에서 건설되는 2만 세대를 건설하는 것이었다.

5만 세대 살림집은 이전의 아파트보다 작은 평수에 다양한 용도를 갖춘 살림집으로 추진되었다. '세대당 평균 면적은 90여㎡였고, 살림방은 최고 4칸에 전실과 부엌, 창고,

---

32) 「5만세대 살림집건설과 전망」, 『천리마』 1990년 11호.

목욕실, 위생실'을 갖춘 살림집이었다.[33]

1990년대 아파트 건설에서는 이전과 다른 방향으로 추진되었다. 주목할 점은 아파트 건설에서 강조되었던 속도와 높이 대신 인테리어를 강조하였다.

1991년 2월 11일 김일성이 만수대창작사를 돌아보면서 일군들과 한 담화「인민적인 미술작품을 더 많이 창작할데 대하여」에서는 평양시민들의 살림집 문제를 5만 세대 아파트 건설과 관련하여 현대적 살림집에 들어갈 장식품 제작을 지시하는 내용이 나온다.

앞으로 우리 인민들의 생활 수준이 조금만 더 높아지게 되면 그들속에서 고려청자기와 수예품을 비롯한 방안장식품에 대한 수요가 많아질것입니다. 지금 우리 인민들은 살림집문제에 대하여 걱정하지 않지만 그렇다고 하여 인민들의 살림집문제가 원만하게 해결되었다고는 볼수 없습니다.

평양시만 놓고 보아도 아직 한칸짜리 살림집에서 생활하는 세대들이 더러 있습니다.

최근에 김정일동지는 평양시민들의 살림집 문제를 풀기위

---

33)「5만세대 살림집건설과 전망」,『천리마』1990년 11호.

하여 5만세대의 현대적인 살림집을 건설할것을 또다시 발기하고 다음해 4월 15일까지 그것을 완공하기 위한 투쟁을 조직령도하고있습니다.

5만세대의 살림집건설이 완공되면 평양시민들이 현대적인 살림집에서 생활하게 될것이며 그렇게 되면 여기에 전시한 도자기와 수예품 같은 방안장식품들을 많이 요구할것입니다. 만수대창작사에서는 고려청자기를 비롯하여 조선사람의 기호와 생활정서에 맞는 좋은 방안장식품들을 더 많이, 더 좋게 만들어 인민들에게 팔아주어야 하겠습니다.[34]

김일성은 담화에서 "평양시만 놓고 보아도 아직 한칸짜리 살림집에서 생활하는 세대들이 더러 있습니다"고 하였다. 평양의 주택 상황이 여전히 해결되지 않았다는 것을 시인한 것이다.

'5만 세대 건설 사업'을 다시 제기한 것은 해결하지 못한 살림집 문제를 온전히 해결하기 위한 것임을 강조하였다. 아파트를 건설하는 것과 함께 아파트를 어떻게 꾸밀 것인

34) 김일성, 「인민적인 미술작품을 더 많이 창작할데 대하여: 만수대창작사를 돌아보면서 일군들과 한 담화, 1991년 2월 11일」, 『김일성저작집 43(1991.1~1992.10)』, 조선로동당출판사, 1996, 38쪽.

가에 대한 문화적 욕구를 반영해야 한다고 강조하였다.

아파트 인테리어와 관련하여 주목되는 영화가 있다. 〈이 것이 우리 집이요〉라는 영화인데, 나라에서 마련해 준 보금자리인 집을 잘 가꾸어, 가정에서도 문화생활을 즐기자는 내용의 예술영화이다.

6. 여성 근로자들의 통일거리 건설 이야기
: 예술영화 〈건설장의 처녀들〉

광복거리 건설 사업이 마무리된 이후인 1990년대에는 통일거리 건설 사업이 시작되었다. 통일거리는 평양시 낙랑구역에 조성된 시가지로 1989년 12월에 있었던 김정일의 평양시 건설사업 지도에 의하여 새롭게 건설된 곳이다. 1990년부터 광복거리와 함께 이곳에 수만 세대의 살림집을 비롯하여 각종 시설이 건설되었다. 통일거리 건설을 위해 평양의 여러 기관에서 건설장으로 돌격대가 파견되었다.

아파트 건설 사업의 일면을 1992년에 방영된 텔레비전극 〈건설장의 처녀들〉을 통해서 확인할 수 있다.

〈건설장의 처녀들〉은 조선중앙텔레비전에서 1992년에

제작한 3부작 드라마인데, 통일거리 고층아파트 건설현장 처녀들의 사랑과 노동을 통한 진정한 사랑과 조국애를 주제로 한다.

통일거리에 세워질 대규모 살림집(아파트) 건설이 시작되면서, 여러 공장에서 건설현장에 투입된다. 광복거리 아파트 건설에 나선 방직공장 건설대대의 대대장 선희와 기계공장 건설대대 대대장 대철을 주인공으로 한 드라마이다. 주인공 선희가 방직공장에서 파견된 건설대대 대대장으로 나오는데, 실제 평양종합방직공장에서 후원하였다. 영화는 실제 건설 현장을 배경으로 한다.

〈건설장의 처녀들〉은 1990년 통일거리 건설 사업이 착공되면서 방대한 살림집 건설이 시작된다. "이 이야기는 통일거리 건설에는 여러 위훈이 있었는데, 그 가운데서 통일거리 건설과 관련한 작은 위훈을 이야기하려고 한다"는 내레이션이 내용을 알려준다.

선희는 고사포 중대장을 지낸 제대군인으로 방직공장원으로 통일거리 살림집 건설에 참여하게 되었다. 선희와 대철은 초면은 아니었다.

두 사람은 군대에서 만난 인연이 있었다. 하지만 두 사람의 감정은 별로 좋은 기억은 아니었다. 대철이 군대 운전수

통일거리 건설을 주제로 한 예술영화 〈건설장의 처녀들〉

로 있었을 때, 운전을 하던 중 앞에서 수렁에 빠진 트럭을 도와주려고 하였다가 선희에게 '참여하지 말라'는 말만 듣고 무안을 당했던 기억이 있었다. 그 만큼 선희는 자존심도 강하고, 모든 일을 자체적으로 해결하려는 당찬 여성이었다. 당찬 연성 선희가 광복거리 아파트 건설에 참여하면서, 기계공장 건설대대 대대장 대철과 경쟁하면서 서로를 알아간다는 줄거리이다.

건설현장에서 음악소리가 울리면서 처녀들을 실은 트럭

이 도착한다. 신나는 음악과 함께 공장처녀들이 살림집 건설에 투입된 것이다. 건설장에는 방직공장대대라는 대대 깃발이 올라가고 건설이 시작된다. 방직공장대대는 15층 살림집을 맡았다. 선희네 대대는 건설현장에 당차게 참여하였지만 주변에서는 걱정과 의문의 눈초리를 보낸다. 건설현장 곳곳에서 여성들이어서 일을 제대로 하겠느냐는 소리를 들었다.

대대장 선희는 전쟁 때는 여성들이 여러 가지 일을 했었다면서 걱정하지 말라고 하였지만 현장의 상황은 달랐다. 선희는 기초건설이 끝날 것을 예상하고는 부여단장을 찾아가 기중기를 달라고 요청하였지만 여성들만으로 그 시기에 기초건설을 끝낼 수 없다는 이야기만 듣고 물러나야 했다.

남성들만 그런 것이 아니었다. 건설장의 처녀들도 크게 다르지 않았다. 공사를 하다가 암반이 나오자 스스로 해체할 엄두도 내지 않는다. 대신 옆에서 공사를 하는 대철이네 건설대대에게 암반을 처리해 달라고 요청하였다. 대철이네 공장 대대원들은 '여자들이 할 수 있겠느냐, 남자가 도와주어야지'하면서, 암반 해체공사를 시원하게 처리하였다. 이것을 본 여성건설대원들은 '역시 남자들이 다르다'고 입을 모았다.

기계건설대원들이 돌아간 다음 선희는 대원들을 모아놓고 호소하였다. 남자들의 도움을 받으면 쉬운 건 사실이지만, 스스로의 힘을 하자며 가슴으로 호소하였다. 여성건설대원들도 선희의 진심을 이해하고는 선희의 뜻을 따르기로 하였다.

　　대대원들을 독려하면서, 일을 효율적으로 할 수 있는 방법을 찾아내면서 무사히 기초공사를 기간 안에 끝냈다. 기초공사가 끝나고 본 공사가 시작되었는데, 공사 시작하는 날 마침 비가 쏟아졌다. 공사경험이 많은 아바이들은 빗속에서 용접은 감전 위험도 있고, 기포가 발생할 수 있다며, '휴식하자'고 하였다.

　　그러나 여성대원들은 비를 맞지 않으면 된다면서 비닐로 비를 가리면서 철근 용접 공사를 진행하는 모범을 보였다. 이 일로 선희네 대대에 대한 평가도 달라졌다.

　　선희는 장마를 대비하여 예비물자를 20일치를 확보하면서 장마를 대비하였다. 하지만 기계공장의 대대장 대철은 자신의 경험만 믿고는 충분히 대비하지 않았다. 장마가 시작되자 기계공장대대는 일손을 멈추고 작업을 할 수 없었다. 선희가 대철을 찾아가 골재를 가져가라고 하였지만 대철은 거절하였다.

선희는 대철을 찾아가 지난날 자기와의 관계 때문에 골재를 받지 않는 것은 옳지 못하다고 말하면서 우리가 힘들 때 서로 돕지 않았느냐면서 설득하였다. 대철도 자기 자신의 경험만을 믿고 일하는 자신을 반성한다. 방직공장의 골재차가 도착하고 대철도 진정으로 선희에게 감사하다는 말을 전한다.

통일거리 건설이 어느 정도 윤곽이 잡혀갈 무렵 대철은 선희에게 고백을 하였다. 두 사람은 좋은 감정으로 건설사업을 마무리했다. 통일거리 건설 전투에서 두 공장은 모두 좋은 실적을 올린다. 통일거리건설에서 대철과 선희의 대대가 승리하고 방송국에서도 취재가 나온다. 대철은 선희를 대신하여 방직공장 대대의 건설 위훈을 칭찬하면서, '처녀들의 불타는 충성심이 이런 실적을 올렸다'며 축하한다.

제4장 김정은 시대의 아파트 정치

1. 아파트로 시작한 김정은 시대

1987년 6월 6일 『로동신문』에 「새로 형성되는 고층살림 집거리」 기사가 실린 이후 사라졌던 아파트 관련 기사가 다시 등장한 것은 2009년이었다.

2009년 10월 22일 『로동신문』에 「선군시대 본보기로 일 떠선 만수대거리의 만점까지 살림집들」을 통해 만수대거리 아파트를 소개하는 기사가 실렸다. 1987년 이후 2009년 까지 아파트 건설에 대한 소개가 없었다는 것은 그만큼 경제적인 어려움이 어느 정도였는지를 보여준다.

1990년대부터는 북한의 극심한 경제난과 함께 아파트 건축을 비롯한 대규모 주택 건설이 중단되다시피 하였다. 주택난이 심각해졌다. 신혼부부의 경우에는 새로운 주택을 배정받지 못해서 몇 년을 기다려야 했고, 결혼을 늦추기도 하였다고 한다.

아파트가 오래되어서 낡았지만 새로운 주택을 구하지 못해 주거환경이 열악해졌다. 중앙에서 건설하여 인민에게 공급하던 주택 정책은 경제난 속에 유명무실해졌다. 새로운 아파트가 공급되지 못하면서, 수택난이 심각해지자 중앙에서 관리하던 주택건설 사업을 주요 부처별로 강제적으로 할당하였다.

건설 책임을 맡은 해당 부서에서도 할당된 만큼 주택을 건설하기 어려웠다. 어쩔 수 없이 민간에 의존하게 되었다. 주택 공급이 수요를 따라가지 못하게 되면서 편법이 동원되었다. 은밀하게 주택 사용권을 거래하기 시작했고, 북한 당국도 일정 부분 묵인하기 시작하였다.[1]

---

1) 최은석, 「북한도 부동산 붐?」, 『통일한국』 2017년 7호, 평화문제연구소, 41쪽.

경제 상황으로 인해 어쩔 수 없이 진행된 방식이었다. 하지만 결과적으로는 주택건설 시장에 민간이 참여하게 되는 계기가 되었다. 현재 북한의 아파트 건설은 80% 정도를 민간에 의존하는 것으로 알려져 있다.

하지만 대규모 건설의 경우에는 전국적인 단위에서 조직이 총 동원된다. 주요 거리의 대규모 공사는 민간에 의존하기 어렵다. 수도건설을 위한 돌격대가 조직되면 전국에서 참가한다. 민간의 규모는 한계가 있기 때문에 군대가 동원된다.

이보다 중요한 조직이 인민보안부이다. 인민보안부라고 하면 치안을 담당하는 것으로 알려져 있다. 그러나 인민보안부는 치안문제, 교통문제, 소방문제를 포함하여 도로건설과 시설경비를 담당하는 인민내무군이 별도로 배속되어 있다.

'고난의 행군'이 끝나고 2000년대 들면서 북한 경제가 일정 정도 회복하면서, 대규모 건설 사업이 다시 추진되었다. 인민보안부는 평양의 주요 아파트 건설에 참여하면서 상당한 이익을 올리는 것으로 알려져 있다.

특히 인민내무국 8총국은 도로 및 교량을 관리하는데, 건축전문가와 건설에 동원 가능한 군인 약 4만여 명 규모로 압도적이다. 2014년 5월에 평천구역 아파트 붕괴사고가 발생하였을 때, 최부일 인민보안부장이 사과한 것도 인민보안부에서 아파트를 지었기 때문이다.

2000년대 아파트 건설의 출발은 만수대거리 아파트였다. 2009년 10월 22일 『로동신문』 사설로 「선군시대의 본보기로 일떠선 만수대거리의 만점짜리 살림집」 기사가 실렸다.

만수대거리 살림집은 1980년대 후반 이후 중단되었던 아파트 건설을 재개하는 신호탄이었다. 만수대아파트에서 강조한 것은 환경이었다. 빠른 속도나 고층을 강조하는 '높이'가 아니라 환경이었다. 적절한 높이와 개성, 조경을 갖춘 아파트로 만수대거리 살림집이 소개되었다.

북한 경제가 일정 정도 회복하면서 본격적인 아파트 건설도 점차 활기를 띠기 시작하였다. 속도도 다시 등장하였다. 2010년 이후의 아파트 건설 사업에서는 새로운 세기에

평양도시 건설장에서 재능을 훈련하여 교예배우가 된다는 이야기 〈김동무는 하늘을 날다〉

걸맞는 '새로운 평양속도'가 등장하였다.

김정은의 정치적 역량도 아파트 건설을 통해 과시되었다. 김정은은 2010년 창전거리 아파트 건설에 깊이 관여한 것으로 알려져 있다. 북한에서 김정일로부터 김정은에 이르는 후계구도가 본격적으로 진행된 것은 2008년이었다. 김정일의 건강이 악화되면서 내부적으로 후계문제가 부각되었고, 김정은으로의 후계 작업이 진행되었다.

2010년이면 대외적으로는 아니어도 내부적으로는 김정은이 상당한 권위를 갖고 경제사업을 지도하였던 시기였다. 2010년에는 북한의 주요 기관에서 아파트 건설에 집중하였던 시기이다. 창전거리 공사는 김정은이 직접 지휘한 공사이다.

창전거리 공사가 지지부진하자 김정은이 직접 나서서 현장을 방문하여 건설 사업을 직접 독려하였고, 부실공사에 대해서도 질책하였다. 아파트 건설은 김정은의 지도력을 평가받는 시험대의 하나로 깊은 관심을 갖고 추진한 사업이라는 것을 알 수 있다.

초고층살림집 건설 사업은 또한 새로운 세기의 상징물이었다. 새로운 주체 100년이 시작되는 2012년의 비전과 전망을 가시적인 건축물을 통해 보여주고자 하였다. 2011

김정은 시대의 아파트 건설 현장

년 김정일이 사망한 이후에는 김정일의 유훈을 명분으로 도시 건설과 도시 미화사업을 강행하였다. 김정일의 유훈으로서 강성대국의 수도를 건설하기 위한 '평양속도'가 다시 등장하였다.

2012년 김정은 시대가 본격 출발하면서부터는 '건축'은 김정은 시대의 키워드인 '과학', '민족'과 결합하면서, 강성대국 건설을 과시할 수 있는 가장 대표적인 성과물로 선전되었다. 김정은 체제 출범 이후 건축과 관련하여 주목할 만한 사건으로는 '평양건축종합대학'의 설립이 있다.

2012년 1월 김정은은 개교 60주년이 되는 '평양건설건재대학'을 종합대학으로 승격시키면서, '평양건축종합대학'으로 학교 이름을 바꾸었다. 동시에 평양시 동대원구역에 부지 20,000㎡에 대외교류를 전담하는 '대외교류센터'를 신설하였다. 2013년에 11월에는 평양건축종합대학을 찾아가 명예총장을 자처하기도 하였다.

김정은 시대의 건축은 북한의 미래, 김정은 시대를 상징하는 상징물로 자리잡았다. 김정은 체제가 본격적으로 시작한 2012년 이후 아파트 건설은 매년마다 새로운 지구에 새로운 형식으로 추진되면서, 김정은 시대의 정치적 상징으로 자리 잡았다.

김정일의 유훈을 명분으로 2012년 6월 만수대지구 창전거리에 45층짜리 초고층 아파트 단지를 건설하였다. 2013년에는 은하과학자거리, 김일성종합대학과학자아파트를 건설하였고, 2014년에는 위성과학자거리와 김책공업종합대학 교육자살림집을 건설하였다. 이어 2015년에는 미래과학자거리, 2016년부터 2017년까지는 려명거리아파트 사업을 추진하였다. 이후로도 송화지구, 보통강구역 강안

변화된 평양을 소재로 한 아동영화 〈교통질서를 잘 지키자요〉

다람식 주택 선설이 이어졌다. 2012년 이후 생겨난 거리만 해도 5개에 달할 정도로 활발하게 도시건설을 진행하였다.

김정은 시대 아파트는 새로운 지도자의 비전을 도시건설과 아파트를 통해 보여주려는 듯 웅장하고 화려한 외관으로 지어졌다. 외관에서부터 이전과는 판이하게 다르게 추진되었다. 대표적인 사업이 미래과학자거리이다.

2015년 완성한 미래과학자거리아파트는 대동강 변을 끼고 화려한 외관을 갖춘 고층아파트로 건축되었다. 각 대학에서 과학기술분야의 전문가, 퇴직 원로들을 대상으로 한 아파트이다. 미래과학자아파트는 거리 자체도 매우 화려하게 조성하였을 뿐만 아니라, 아파트 외벽도 네온사인으로 장식하여 조명을 강조하였다.

김정은이 주도하는 것으로 선전하는 김정은 시대의 건축을 '21세기 건축'으로 규정하면서, 21세기 건축이 "철두철미 인민의 지향과 요구, 생활풍습과 생활양식에 맞게 세계적인 수준에서 창조"되었다고 선전한다.[2]

창전거리 살림집과 같이 '거리', '지구' 단위의 아파트

---

2) 「천재적인 예지, 특출한 령도력으로 펼치신 주체건축의 최전성기」, 『로동신문』, 2014.03.25.

건설은 김정은 체제가 본격화된 이후에는 새로운 방식으로 전환된다. 지역 단위 건설에서, 특정한 집단을 대상으로 한 타켓형 아파트 건설로의 전환이었다. 지역 단위 개발에서 수요자 대상을 중심으로 하는 방식이었다.

우선 대상이 된 것은 김일성종합대학교 교원아파트, 김책공업종합대학교 교원아파트, 과학자들이었다. 이 중에서도 첫 본보기기 된 것은 김일성종합대학교 교원, 연구사들을 대상으로 한 김일성종합대학 과학자살림집이었다.

김일성종합대학은 북한 최고의 교육기관이다. 김정은이 김일성종합대학 과학자 살림집 건설을 강조한 것은 김정은 체제에서 강조하는 교육과 과학 중시 정책을 아파트 명명을 통해 과시하였다. 김정은 체제에서 강조하는 과학과 기술 중시는 아파트에도 반영된 것이다.

김정은 시대 아파트 건설은 북한 경제에도 영향을 미치고 있다. 불법으로 간주되던 아파트는 이제 새로운 재테크 수단으로 주목 받고 있다. 길목이 좋은 곳에 아파트를 건설하여 판매하거나, 아파트를 사서 리모델링하여 값을 더 얹혀 파는 방식으로 부를 축적하기도 한다.

지역에서는 아파트 분양 광고도 등장하였다. 북한에서도 아파트는 더 이상 거주 목적에만 국한되지 않는 것이다.

관련 산업에 미치는 효과도 크다. 아파트 내장재나 실내 장식, 인테리어 사업이 새롭게 주목받고 있다.

2. 유훈 사업 '만수대지구 창전거리' 건설

북한의 아파트 건설은 시대를 불문하고, 정치와 연결되어 있었다. 북한 사회 자체의 특징이라고 할 수 있다. 김정은 체제에서도 건축은 어느 때보다 강한 정치성을 보여준다. 김정은 체제 하에서 새롭게 건설된 아파트들은 평양 도심의 스카이라인을 바꾸어 놓을 만큼 과시적이면서도 다양한 형태로 세워졌다.

대표적인 아파트가 만수대지구 살림집이다. 만수대지구 건설 사업은 아파트를 중심으로 한 종합개발이었다. 초고층 아파트를 중심으로 인민극장, 편의봉사 시설, 공원 등으로 구성되었다. 규모도 커졌다. '10만 세대 살림집건설'사업이 제기되었다. 평양시를 사회주의 강성대국의 수도답게 더욱 훌륭하게 꾸미기 위한 10만 세대의 살림집 건설 사업을 '힘 있게 다그치자'는 결의 속에 만수대지구 살림집이 추진되었다.[3]

김정일로부터 김정은으로 이어지는 후계기간이 짧았고, 김정은의 업적으로 선전할 만한 것이 많지 않았다. 이런 상황에서 고층아파트 건설과 도시 개발은 인민의 이목을 집중시킬 수 있는 소재가 아닐 수 없었다. 특히 초고층아파트 건설 사업은 21세기 당의 위용을 보여주는 본보기 사업으로 규정되었다.

김정은은 깊은 관심을 갖고 현장을 방문하면서 진행 사항을 점검한 것으로 알려졌다. 공사가 지지부진하고, 제대로 진척되지 않자, 관계자들에게 질타를 하면서 총동원을 하였다. 그 결과 살림집 건설은 단 1년 만에 만수대의 옛 흔적을 완전히 없애고 새로운 거리를 만든 새로운 '평양 속도'가 등장하였다. 다시 등장한 속도전으로 공사를 벌여 당창건 기념일에 맞추어 완공식을 진행되었다.

만수대지구 건설 사업은 수시로 언론을 통해 보도되었다. 준공을 얼마 남겨두지 않은 2011년 9월 25일 만수대지구 건설 사업에 참가한 인민군 부대의 건설 소식을 전한다. 보도의

---

3) 「10만세대 살림집건설을 힘있게 다그쳐 새로운 '평양번영기'를 펼쳐나가자」, 『로동신문』, 2010.06.23.

핵심 내용은 골조공사가 40층을 통과하였다는 것이다. 초고 층살림집의 골조 공사가 40층을 통과하였다는 것을 통해 초 고층으로 건설되는 새로운 시대를 비유적으로 선전하였다.

만수대지구의 살림집건설에 참가한 조선인민군 김웅철 소속부대의 군인건설자들이 온 나라 인민들에게 기쁨을 주는 또 하나의 혁신적인 성과를 이룩하였다. 착공의 그날 로부터 백두산혁명장군의 기상을 남김없이 떨쳐온 부대의 군인건설자들은 맡은 초고층살림집골조공사를 힘있게 추 진하여 40층계선을 통과하는 자랑찬 위훈을 창조하였다.[4]

고층아파트가 건설된 곳은 만수대지구 남동부 지역이 다. 북한에서 '만수대지구'는 단순한 행정 구역의 명칭을 넘어서는 핵심 지역이다. 만수대 지구는 행정 구역으로는 평양직할시 중구역에 해당한다. 평양의 중심 김일성 광장 북쪽 대동강을 옆에 끼고 있다.

만수대지구는 우리의 국회에 해당하는 만수대의사당을 비롯하여, 북한 전역에 세워진 김일성 동상 중에서 가장

---

4) 「모든 전선에서 새로운 대고조진군속도를 창조하며 질풍같이 내달리자」, 『로동신문』, 2011.09.25.

큰 김일성 주석과 김정일 국방위원장의 동상을 비롯하여 '기념비적 대작'이라고 부르는 만수대대기념비, 사회주의 노력동원을 상징하는 천리마동상, 만수대예술극장이 있는 곳이다. 이처럼 상징성이 높은 평양 중심부 지역에 고층아파트를 건설하면서, 새로운 세기를 상징적으로 과시한 것이다.

2011년 12월 17일 김정일이 사망하고, 본격적으로 김정은 체제가 시작되었다. 김정일의 사망 속에서도 살림집 건설은 계속되었다. 초고층 살림집 건설은 김정일의 유훈을 받드는 사업이었다.

이 집을
부모가 물려주었더냐
피와 땀으로 돈을 벌어
마련한 집이더냐

자본주의사회같으면
억만장자들이나 살수 있는 집
평범한 사람들은
생각조차 할수 없는 이런 집을

과연 누가 너에게 주었느냐[5]

"여기서 정말 로동자들이 삽니까?"

이러며 새집들이로 흥성이는 창전거리를 돌아보던 한 외국인이 어느 한 아빠트편관앞에서 걸음을 멈추었다. 모두가 웃고 떠드는데 남몰래 눈물을 훔치며 서있는 녀인의 모습을 본것이였다.

(무슨 일이라도?!)

자본주의사회에서 오래동안 살아온 그는 사실 창전거리와 같은 현대적인 살림집을 로동자들에게 무상으로 안겨준다는 것이 잘 리해되지 않았다.[6]

3. 사회주의 문명국 건설의 비전, '창전거리'

김정은 체제 출범 이후 만수대구역 창전거리는 새로운 시대의 상징물로 적극 활용되었다. 창전거리 아파트는 시

---

5) 주광일, 「(서사시) 만수대기슭에 우리 집이 있다」, 『로동신문』, 2012.07.01.
6) 「여기서 정말 로동자들이 삽니까」, 『로동신문』, 2012.06.23.

대를 가름하는 획을 그은 아파트 건설 사업이라고 할 수 있다. 규모나 층수와 같은 형식적인 문제도 있지만 김정일로부터 김정은으로 이어지는 시대적 변곡점이 된 유훈 사업이었다.

2012년 9월 5일 『로동신문』 1면과 2면에 걸쳐 창전거리살림집을 찾은 김정은과 리설주의 사진이 실렸다. 사진과 함께 「경애하는 김정은원수님께서 창전거리살림집들에 입사한 근로자들의 가정집을 방문하시였다」는 기사가 실렸다.

기사에는 "조선로동당 제1비서이시며 조선민주주의 인민공화국 국방위원회 제1위원장이시며 조선인민군 최고사령관이신 경애하는 김정은 원수님께서는 부인 리설주동지와 함께 행복의 웃음소리가 차넘치는 창전거리살림집들에 입사한 근로자들의 가정을 방문하시였다"면서 김정은의 새로운 직책이 길게 붙었다.[7]

김정은 부부를 맞이한 인민들의 기사도 실렸다. 기사는 "우리 나라는 로동계급의 세상이고 평백성이 온갖 복락을

---

7) 「경애하는 김정은원수님께서 창전거리살림집들에 입사한 근로자들의 가정집을 방문하시였다」, 『로동신문』, 2012.09.05.

누리는 인민의 나라라는 것을 세상에 대고 자랑하고 싶다고 격정을 터치는 집주인들의 이야기를 웃음속에 들어주시였다"고 소개하였다.[8]

창전거리 방문에서 주목되는 점 하나는 노동계급에 대한 부각이다. 김정은이 방문한 집이 평범한 노동자의 집이라는 점이 『로동신문』에 전면으로 부각되었다. 김정은이 방문한 살림집은 '중구역도시미화사업소 노동자', '김정숙평양방직공장 노동자' 가정이라고 소개하였다.

또한 『로동신문』 기사에는 감격에 넘친 근로자들의 소식을 실은 기사로 넘쳤다. 기사의 내용은 "어머니당의 인민사랑을 가슴깊이 간직하고 부강조국건설에 헌신함으로써 경애하는 김정은 원수님의 하늘같은 은덕에 충정으로 보답할 불타는 결의에 넘쳐있었다"는 것이었다.

내용을 늘 있었던 체제 선전과 관련한 것이다. 하지만 노동자들을 전면에 내세움으로써 선군에서, 노동당 중심의 체제로 전환하고 있다는 것을 상징적으로 보여주었다.

창전거리 건설은 새로운 지도자 김정은의 업적 칭송과

---

8) 「경애하는 김정은원수님께서 창전거리살림집들에 입사한 근로자들의 가정집을 방문하시였다」, 『로동신문』, 2012.09.05.

함께 제국주의와의 결전에 초점을 맞추었다. 북한에서 수령은 노동계급을 이끌고 제국주의와의 투쟁을 하는 지도자로 규정한다. 김일성은 일제와의 투쟁을, 김정일은 미제와의 투쟁을 정치적 정당성의 핵심으로 삼고 있다. 김정은시대에서도 제국주의와의 투쟁이 강조되었다.

이 땅에 백년, 천년이 흐른 뒤 우리 후손들은 오늘의 건축물을 보며 위대한 김정은시대에 대해 알게 될것이고 또 그에 대해 이렇게 칭송할 것이다.

위대한 김정은시대 인간들은 건축으로 사회주의문명국의 새 모습을 그리였다고, 제국주의자들과 싸워 이겨 마침내 부귀영화를 누리였다고, 건축으로 마침내 세계를 딛고 올라섰다고.

아, 멋있는 우리 시대.

구름우에 참매날고 목란꽃핀 이 강산에 행복의 금방석을 펼쳐놓은 천하제일강산 내조국이여!

세월의 끝까지 빛을 뿌리라. 끊임없는 비약의 전지를 끝없이 펼치라.

참으로 멋있는 우리 시대는 건축으로 백두산대국의 만년대계를 내세우시고 후손만대가 길이 복락할 행복의 무릉도원을 펼쳐주시는 경애하는 김정은동지께 무궁토록 영광을 드린다.

인민은 그 품에서 모든 꿈 이루어가리라.

휘황찬란한 우리 조국 만세!9)

『로동신문』 2014년 11월 18일에 실린 정론「참으로 멋있는 시대」기사의 부분이다. 만수대지구 건설 사업을 "제국주의자들과 싸워 이겨 마침내 부귀영화를 누리였다"고 평가하였다.

아울러 김정은 시대의 건축에 대해서 훗날 사람들이 "건축으로 사회주의문명국의 새 모습을 그렸다", "건축으로 마침내 세계를 딛고 올라섰다"고 평가할 것이라고 하였다. "건축으로 백두산대국의 만년대계를 내세우시고 후손만대가 길이 복락할 행복의 무릉도원을 펼쳐주시는 경애하는 김정은동지께 무궁토록 영광을 드린다"는 것으로 끝을 맺는다.

만수대지구 아파트 건설 사업은 북한 문학의 중요 소재로 등장하였다. 『조선문학』 2011년 11호에 실린 전수철의 '건설자의 벽시'에는 만수대지구 아파트 건설과 관련한 시(詩) 〈하늘우의 결승선〉, 〈전화종소리〉, 〈병사들의 말〉, 〈속보

---

9)「(정론) 참으로 멋있는 시대」,『로동신문』, 2014.11.18.

원동무에게〉가 실렸다.

『조선문학』 2012년 1호에는 류응희의 시 〈눈내리는 만수대지구건설장〉이 소개되었다. 이 처럼 『조선문학』을 비롯한 관련 잡지에는 만수대지구 아파트 건설과 관련한 기사가 속속 등장하였다.

눈이 내리네
함박눈이 내리네
만수대지구건설장
초고층살림집 지붕우에도
타일을 곱게 붙인 로대의 란간에도
하얀 눈 내려 내려 쌓이네

(…중략…)

눈이 내리네
함박눈 송이송이 내리네
만수대지구건설장에 추억의 눈이 내리네
날이 갈수록 더하고 더해만 가는
장군님에 대한 그리움의 눈물로 젖은 눈송이

김정은동지 받들어갈 맹세로 뜨거운 눈송이

내리고 내리네

하염없이 내려쌓이네

―류웅희, 〈눈내리는 만수대지구건설장〉 부분[10]

이처럼 김정은 체제에서 만수대지구 아파트 건설을 비롯하여, 김일성종합대학 교원아파트, 김책공업종합대학 교원아파트 등은 『로동신문』을 비롯한 언론과 문학작품을 통해, 김정은의 대표적인 업적으로 칭송하고 있다. 이러한 일련의 문화기획을 통해 새로운 세기의 지도자로서 김정은의 이미지를 인민들의 인식 속에 각인해 가고 있는 것이다.

4. 김정은 시대의 교육 청사진, 경상유치원

: 드라마 〈기다리던 아버지〉

김정은이 건설을 통해 인민과 연결되어지는 드라마 〈기다리던 아버지〉를 통해 확인할 수 있다. 드라마 〈기다

---

10) 류웅희, 〈눈내리는 만수대지구건설장〉, 『조선문학』 2012년 1호.

리던 아버지〉는 만수대구역 창전거리 경상유치원을 배경으로 한 드라마이다.

북한의 영화나 드라마는 제목만 보아도 어떤 내용인지 알 수 있다. 〈기다리던 아버지〉도 아버지를 기다린다는 내용이다. 핵심은 '기다리던 아버지'가 누구인가 하는 점이다.

〈기다리던 아버지〉에서 아버지는 김정은이다. 〈기다리던 아버지〉는 2013년에 제작된 드라마로 보다 직접적으로 김정은을 찬양하는 드라마이다. 김정은 시대의 대표적인 업적으로 선전하는 경상유치원을 배경으로 아이들이 김정은을 '친아버지'보다 더 따르고 좋아하며, '아버지'로 모시는 충성둥이로 자라고 있다는 것을 주제로 한다.

주인공은 경상유치원에 다니는 장혁이라는 소년이다. 경상유치원은 북한의 대표적인 유치원으로 최고의 시설을 갖춘 곳이다. 주인공 장혁 학생은 평양시 어린이 유치원대표로 국제청소년피아노 경연에 추천을 받을 정도로 특별한 음악재능을 갖춘 아이였다.

음악재능이 뛰어난 소년이지만 아직 어려서 그런지 아빠를 너무 보고 싶어하였다. 장혁이 그렇게도 보고 싶어하던 아버지는 삼지연 건설장에서 건설 사업을 하고 있었다. 아버지를 잘 따르던 장혁은 아버지가 보고 싶어서 피아노 연습에 집중하지 못하였다. 유치원에 다닐 나이고, 한참 어리광을 부릴 나이였다. 그래서인지 아버지를 많이 찾았다.

유치원 선생님은 장혁이 아버지를 너무 보고 싶어 하는 것을 알았지만 콩클대회가 얼마 남지 않아서 연습이 더 필요한 시기였다. 장혁의 담당 선생님은 이 사실을 원장님에게 이야기를 하였다. 원장은 고민하다가 장혁을 아버지에게 보내기로 결정하였다. 아이가 아버지를 따르는 것은 당연한 일인데, 저렇게 아버지를 보고 싶어 하는데, 피아노 연습이 제대로 될 수 있을까 싶었다. 그래서 장혁을 아버지가 일하는 삼지연으로 보내기로 하였다.

마침내 장혁은 삼지연에 있는 아버지를 만나러 공항으로 갔다. 거기서 사건이 일어났다. 장혁이 갑자기 행방불명된 것이다. 공항에서 비행기를 기다리던 장혁이 어머니와 할아버지는 장혁을 찾기 위해 공항을 샅샅이 뒤졌지만 장혁은 보이지 않았다. 장혁은 그 시간에 다시 경상유치원으로 뛰어가고 있었다.

장혁이 갑자기 경상유치원으로 가게 된 것은 텔레비전 뉴스 때문이었다. 삼지연으로 가는 비행기를 기다리던 장혁은 자기가 다니는 경상유치원에 '아버지 김정은'이 방문하였다는 방송이 나오는 것을 보았다.

방송을 본 장혁은 '아버지 김정은'을 만나고 싶은 마음에 유치원을 향해 무작정 달리기 시작한 것이다. 그렇게 아버지를 보고 싶어하던 장혁이었는데, 김정은이 경상유치원을 방문하였다는 소식을 듣고는 앞도 가리지 않고, '김정은 아버지'를 만나야겠다는 마음으로 비행장을 나와서 유치원으로 달려가기 시작한 것이다.

다행히 장혁은 경찰에 의해 발견되었다. 장혁이가 김정은을 '아버지 원수님'이라고 부르며, 거리를 달려가는 것을 보고는 경찰차가 와서 장혁을 차에 태우고, 가족에게 연락하면서, 장혁 학생 실종 사건은 해프닝으로 끝난다. 그리고는 장혁이 '아버지 김정은'을 너무나 보고 싶어 유치원으로 향하였다는 것을 알고는 대견해 하였다. 친아버지보다 '김정은'을 더 많이 따르는 장혁의 모습을 통해 김정은 시대 어린이들의 본보기를 삼으려 한 것이다.

경상유치원은 2012년 5월 30일에 김정은이 현지지도 한 유치원이다. 북한에서도 가장 좋은 시설을 갖춘 유치원이다. 김정은 시대의 대표적인 성과로 평가되는 경상유치원을 배경으로 김정은이 방문했을 때 영상을 결합하여, 음악 영재인 장혁이 진정으로 아버지 김정은을 그리고 따른다는 것을 보여주고자 제작하였다.

이런 드라마를 통해 김정은 시대 아이들이 자신의 재능을 마음껏 펼칠 수 있도록 당에서 배려하고 있고, 아이들은 그 속에서 김정은을 친부모 이상으로 따르고 있다는 것을 보여주고자 한 것이다.

5. 과학중시 정책의 신호탄: 김일성종합대학 과학자살림집

김일성종합대학 과학자살림집은 44층과 36층으로 지어졌다. 이번에도 김정은이 직접 현지 지도를 하면서 관심을 보였다. 2013년 8월 김일성종합대학 과학자살림집 건설장에 들린 김정은은 "자그마한 불편도 없도록 편의시설들을 그쯘히 갖추어 주어야 한다"고 지시하였다.[11]

창전거리 살림집 기사에 붙였던 '조선로동당 제1비서이시며 조선민주주의 인민공화국 국방위원회 제1위원장이시며 조선인민군 최고사령관이신 경애하는 김정은 원수

---

11) 「경애하는 김정은원수님께서 김일성종합대학 과학자살림집건설장을 돌아보시였다」, 『로동신문』, 2013.08.14.

님'이라는 긴 수식어는 2013년 8월 김일성종합대학 과학자 살림집건설장 방문 기사에도 그대로 사용되었다.

2013년 10월 10일 당창건 68돌 기념에 맞추어 성대한 준공식까지 진행하였다. 준공식에는 '위대한 김정은동지를 수반으로 하는 당중앙위원회를 목숨으로 사수하자!', '위대한 령도자 김정은 동지의 높은 정치적신임과 배려에 충성으로 보답하자!' 등의 구호가 적힌 구호판이 세워졌고, 김정은이 직접 참여하여 건설에 참가한 사업일군들을 격려하고, 입주하는 김일성종합대학 교원들을 축하하였다.[12]

『로동신문』은 김일성종합대학 과학자살림집이 김정은이 "몸소 발기하시고 설계를 보아주시며 지도해주신" 아파트라고 하면서 김정은이 안겨주는 '사랑의 선물'이라고 보도 하였다.

당의 은정속에 나날이 더욱 활짝 꽃피여나는 우리 인민의 생활을 조형예술적으로 형상하여 건설되고있는 초고층살림집은 경애하는 김정은 원수님께서 김일성종합대학 교원, 연

---

12) 「김일성종합대학 교육자살림집 준공식 성대히 진행. 경애하는 김정은원수님께서 준공식에 참석하시였다」, 『로동신문』, 2013.10.10.

구사들에게 안겨주는 사랑의 선물이다.13)

김일성종합대학 교수아파트에 대해서 아파트에는 김일성과 김정일의 초상이 있으며, 초현대식 아파트로 일체의 시설이 빌트인으로 완비되어 있다고 선전하였다.

김일성종합대학의 교원과 연구사들이 입주가 시작되자 북한 언론에서는 '김일성종합대학 교육자살림집 준공식'을 대대적으로 보도하였다. 이에 앞서 8월 건설장을 방문한 김정은은 "새집들이 하는 과학자들에게 안겨줄 TV도 마련해주어야 하겠다고 말씀하시였다"고 보도하였다. 입주식 장면에서는 김정은이 하사하였다는 TV도 보였다.

위대한 령도자 김정일동지께서는 다음과 같이 지적하시였다.
"김일성종합대학은 우리 나라 대학들의 모체이며 혁명인재양성의 중심기지입니다."
온 나라 인민의 축복과 커다란 관심속에 새 집에 이사짐을 푼 주인공들의 기쁨과 격정은 지금 시간이 흐를수록 더욱 커

___

13) 「경애하는 김정은원수님께서 김일성종합대학 과학자살림집건설장을 돌아보시였다」, 『로동신문』, 2013.08.14.

만 가고 있다.

어머니당이 안겨준 궁궐같은 새 집에 입사한 룡남산의 교육자들속에는 20대의 애젊은 교원도 있고 새집들이 경사를 축하사여주시려고 준공식장에 나오시였던 경애하는 원수님께 꽃다발을 드린 전도양양한 30대 교원도 있으며 수많은 박사, 박사후비들을 키워낸 50대 교육자, 나이 80살을 바라보는 원사, 교수, 박사도 있다.

사람들이여, 은정넘친 금방석을 실지 눈으로 보시려거든 여기 44층, 36층으로 된 룡흥네거리의 초고층살림집에 와보시라.

매 세대당 면적이 200여㎡에 달한다.

넓디 넓은 방만 하여도 공동살림방, 부모방, 자식방, 서재, 부부방과 같이 다섯칸이나 되고 거기에 부엌과 창고, 복도까지 있어 어느 방부터 먼저 들어갔다가 어디로 나와야 할지 한동안 어리벙벙해진다고, 아마 집주인이 술래가 되어 숨박곡질을 한다해도 숨은 사람을 쉽게 찾지 못할거라고 누구나 말한다.[14]

---

14) 「어머니당의 숭고한 인민사랑, 미래사랑속에 마련된 행복의 금방석: 김일성종합대학 교육자살림집에 꽃핀 새집들이 풍경」, 『로동신문』, 2013. 10.19.

북한에서 아파트 크기는 평방메타로 표현한다. '매 세대당 면적이 200여㎡'는 우리의 아파트 평수로는 60평이 넘는다. 상당한 넓이의 아파트이다. 상대적으로 다른 아파트에 비해서 넓고 고급스럽게 지어졌음을 짐작케 한다.

김일성종합대학 교육자살림집에 대해서 북한 언론은 '사회주의문명국을 향한 비약의 나래에 펼쳐진 또 하나의 행복의 선경', '어머니 당의 숭고한 인민사랑, 미래사랑속에 마련된 행복의 금방석'이라고 보도하였다.

또한 "후대교육을 나라의 흥망성쇠로 좌우하는 국사중의 국사로 보시고 교육자들을 애국자들로 내세워주시며 주실수 있는 온갖 사랑을 다 안겨주시는 경애하는 김정은 원수님 같으신분은 세상에 없습니다!" 등의 기사를 통해 김정은 시대에 강조하는 교육 중시, 과학 중시를 상징하는 사례로 소개하고 있다.[15)]

지역 단위 건설에서 대상자 중심으로 전환하면서, 선별된 사람들을 대상으로 하는 선민(選民)의 상징이 된 것이다. 2022년에는 송신·송화지구 건설과 함께 보통강구역 강안

---

15) 「어머니 당의 숭고한 인민사랑, 미래사랑속에 마련된 행복의 금방석: 김일성종합대학 교육자살림집에 꽃핀 새집들이 풍경」, 『로동신문』, 2013. 10.10.

다락식 주택지구를 개발하였다. 산책로가 제대로 조성된 보통강을 끼고 건설된 테라스형 고급 주택은 남한에도 많이 알려진 리춘히 아나운서와 언론인·방송원에게 배정하였다.

6. 과학중시 정책의 실현: 김책공업종합대학 교육자살림집

김일성 종합대학에 이어 건설된 것은 김책공업종합대학 교육자살림집이었다. 2014년 5월 착공한 김책공업종합대학 교원살림집 건설 사업은 46층의 초고층 아파트 2개 동으로 구성된 아파트 건설 사업으로 2014년 10월에 준공하였다.

김책공업종합대학은 김일성종합대학과 함께 북한 과학기술의 양대 축이라고 할 수 있다. 김책공업종합대학은 특히 컴퓨터와 산업 분야의 종합대학이다. 김일성종합대학 교육자들에 초고층의 아파트를 제공한 데 이어 김책공업종합대학 교육자살림집을 배정함으로써 과학기술자들에 대한 관심을 보여주었다.

김일성종합대학 교육자살림집 건설과 김책공업종합대

학 교육자살림집 건설, 그리고 미래과학자거리 조성 사업은 김정은 시대의 정책이 과학기술자 중심에 있다는 것을 과시적으로 보여주는 확실한 퍼포먼스였다. 김정은이 강조하는 핵무력 건설의 핵심 세력에게 초고층살림집을 배정하면서, 충성을 이끌어낸다.

김책공업종합대학 교육자 살림집 건설 과정에서는 김정은의 현지지도를 직접 보도하였다. 현지지도에서 김정은 살림집의 구석구석까지 세심히 살펴주었다고 보도하였다.

경애하는 원수님께서는 가구들을 놓을 자리도 보아주시고 바닥재와 벽지를 비롯한 마감건재리용과 살림방에 설치할 접속구의 개수에 이르기까지 세심히 마음쓰시였다.

경애하는 원수님께서는 살림살이에 필요한것이라면 소소한 것이라도 빠짐없이 갖추어주어야 한다고 하시면서 새집에서 살게 될 교육자들이 생활상 아무런 불편도 없이 인재육성사업과 과학연구사업에 전심할수 있게 해주자고 말씀하시였다.16)

---

16) 「경애하는 김정은동지께서 새로 일떠선 위성과학자주택지구를 현지지도하시였다」, 『로동신문』, 2014.10.14.

김정은의 현지지도 보도에는 앞서 창전거리 건설과 김일성종합대학 교원살림집과 관련하여 보도하였던 "조선로동당 제1비서이시며 조선민주주의 인민공화국 국방위원회 제1위원장이시며 조선인민군 최고사령관이신 경애하는 김정은동지"라는 긴 호칭을 사용되었다. 아파트의 의미에 대해서도 "경애하는 원수님의 뜨거운 은덕이 낳은 사랑의결정체"로 규정하였다.[17]

김책공업종합대학 교육자살림집 건설은 미래과학자거리 건설과 연동되어 초기부터 김정은 체제에서 특히 강조하고 있는 과학기술과 연관되어 있음을 강조하였다.

2014년 8월 13일자 『로동신문』은 「경애하는 김정은동지께서 완공단계에 이른 김책공업종합대학 교육자살림집건설장을 현지지도하시였다」는 사설을 통해 김책공업종합대학 교육자살림집 건설이 과학기술을 중요시하는 김정은의 결심에 의한 것이라고 보도하였다.

---

17) 「경애하는 김정은동지께서 새로 일떠선 위성과학자주택지구를 현지지도하시였다」, 『로동신문』, 2014.10.14: "김책공업종합대학 교육자살림집은 조국을 받드는 뿌리가 되어 후대교육 사업에 한생을 묵묵히 바쳐가는 교육자들을 참다운 애국자, 혁명가로 값높이 내세워주시고 모든 영광과 행복을 다 안겨 주시는 경애하는 원수님의 뜨거운 은덕이 낳은 사랑의결정체이다."

과학기술을 국가발전의 중대사로 내세우시고 과학기술의 위력으로 우리 조국을 하루 빨리 온 세계가 우러러 보는 천하 제일강국으로 일떠세우시려는 경애하는 김정은동지의 드팀 없는 결심과 의지에 떠밀리워 위성과학자주택지구가 웅장화려하게 건설되였다.[18]

그렇게 시작된 김책공업종합대학 교육자살림집이 완공되었다. 『로동신문』은 이를 '또 하나의 경사'로 소개하였다.[19]

김책공업종합대학 교육자살림집 건설이 마무리되고 입주가 시작된 2014년 10월 22일에는 아파트 입주권에 해당하는 '살림집이용증서'를 수여하는 모임을 대대적으로 진행하였다.

'살림집이용증서' 수여 모임에는 로동당 중앙위원회 비서 최태복, 교육위원회 위원장 김승두, 평양시 인민위원회 위원장 차희림을 비롯하여 김책공업종합대학 교원과 연구

---

18) 「경애하는 김정은동지께서 완공단계에 이른 김책공업종합대학 교육자살림집건설장을 현지지도하시였다」, 『로동신문』, 2014.08.13.

19) 「경애하는 김정은동지께서 완공단계에 이른 김책공업종합대학 교육자살림집건설장을 현지지도하시였다」, 『로동신문』, 2014.08.13.

사, 관계자들이 참석하였다.[20)]

우리는 그우에 또 하나의 경사, 조국의 아름다움을 더하려고 한다. 여기에는 하늘을 찌를듯이 높이 솟은 대동강반의 김책공업종합대학 교육자살림집.

경사로운 10월의 그 아침 경애하는 김정은원수님께서 다녀가신 46층 살림집에 오르니 황홀경을 펼친 수도의 일만경이 한눈에 굽어보인다.

바로 이곳에 서시여 우리 원수님께서는 한편의 시를 읊으시듯 말씀하시였다. 정말 멋있다고, 평양의 모습이 날로 웅장화려하게 변모되고있다고 하시며 번영하는 조국의 아름다운 오늘과 래일을 안아보시면 절세위인의 크나큰 웅지와 희열의 세계를 가슴에 새길수록 한없는 격정에 휩싸이게 되는 우리들이다.

멋있는 시대! 스스럼없이 터져나오는 이 불덩이 같은 심장의 분출속에 주체건축의 대번영기와 더불어 날로 새로워지는 우리 식 사회주의 문명에 대한 열렬한 찬가가 있다.[21)]

---

20) 「우리 나라 사회주의제도에서 교육자들이 받아안은 최상의 특혜: 크나큰 행복과 기쁨속에 김책공업종합대학 교육자살림집에서 새집들이 시작」, 『로동신문』, 2014.10.23.

7. 미래과학자지구에서 그려보는 과학의 '미래'

미래과학자거리 주택지구 건설 사업은 24동의 다층살림집을 비롯하여 학교, 병원, 탁아소, 유치원, 편의봉사시설을 비롯한 공공건물과 체육공원을 비롯한 공원으로 이루어지는 대규모 건설사업이었다.

2015년에 건설된 미래과학자 거리의 고층아파트 군(群)은 김정은 체제의 방향을 알 수 있는 아파트였다. 『조선문학』 2015년 5호에는 미래과학자거리에 건설된 아파트를 소개한 백하의 시 〈미래〉가 실렸다.

대동강기슭을 따라
새로 뻗는 강안제방을 축으로
2단계공사의 규모도 정해주시고
당창건 70돐까지 완공하자고 격려도 해주신 원수님
다시 건설장을 밟으시네

고층주택 넓은 방에도 들려보시고

---

21) 「(정론) 참으로 멋있는 시대」, 『로동신문』, 2014.11.18.

아빠트 높은 계단도 밟아보시며

하늘에서 내려다보며 흡족하던 거리

땅우에 내려서보니 더 웅장하다고

우렁우렁하신 음성으로 말씀하시네

원수님 너무도 기쁘시여

말씀하시네 희열에 넘치시여

여기서 인재의 숲이 자라야 한다고

여기에 미래의 만년기초를 앉혀야 한다고

미래과학자거리를

조국의 보석바다로 빛내여주시는

경애하는 김정은원수님

　　　　　—백하, 〈미래〉(『조선문학』 2015년 5호) 부분

　백하의 시 〈미래〉는 건설 현장을 지도하는 김정은에 대한 내용이다. 김정은이 건설사업단을 새롭게 조직하고, 비행기를 타고 하늘 위에서 지도하고, 건설장을 찾아와 땅 위에서 지도한 '절세의 위인'이 있었기에 새로운 기적이 있었다는 것이다.

『조선문학』 2015년 6호에는 진수철의 〈미래과학자거리
조감도앞에서〉가 실렸다. '미래과학자거리'는 21세기 국
가 지표로 설정한 '사회주의문명국'의 본보기가 들어 있다.

화가의 붓끝에서 그려진
아름다운 그림이 아니라오
황홀하게 펼쳐진
미래과학자거리조감도는

누구나 감탄하는
이 화폭을 마주하니
멋있는 광경이 눈에 보여온다오
행복한 생활이 펼쳐진다오

전설같은 사랑속에 솟아난
이 거리 하좋아
기슭을 못 떠나는 대동강물결우에선
과학자들 신이 나는 뽀트경기 한창인 듯

(…중략…)

특색있게 꾸려진 배구장에선

치렬한 공방전 한창인데

드넓은 로라스케트장에선

미래과학의 주인들

세기를 주름잡아 씽씽달린다오

립체미 조형미 뚜렷한

초고층아빠트 즐비한 거리에선

함흥에서 모처럼 딸네 집에 왔다가

어리둥절한

할머니모습도 눈에 선히 안겨온다오

(…중략…)

약국이며 미용원 리발소…

봉사망은 또 얼마나 멋들어지오

화려한 조선옷 차려입고

예쁘장한 접대원이 봉사하는

지 식당 민족음식맛

소문도 자자할걸세

(…중략…)

시인의 상상력이 아니라오

우리 원수님 높은 뜻 받들어

최상의 문명, 최상의 속도를 창조하는

건설자의 당당한 자격으로

나는 지금 완공의 그날

이 거리에 펼쳐질 희한한 현실을

몇 달 앞당겨 그려볼뿐이라오

—전수철, 〈미래과학자거리조감도앞에서〉[22]

전수철의 〈미래과학자거리조감도앞에서〉는 미래과학자 거리에 살게 될 사람들의 모습을 상상한다.

과학자들은 '대동강물결 위에서 뽀트 경기'를 하고, '50층의 베란다에서는 애기 엄마가 아기에게 건축가의 꿈을 키워'주고, '배구장과 로라스케이트장에서는 미래의 주인공들이 신나게 놀이'를 즐긴다. '정자나무 휴식터에서는 어르신들의 장기놀이'를 하고, 인민을 위한 편의시설인 '약

---

22) 전수철, 〈미래과학자거리조감도앞에서〉, 『조선문학』 2015년 6호, 54쪽.

국, 미용원, 리발소'가 있고, 민족음식점의 음식맛은 모두가 부러워한다.

이 모든 것은 대동강변의 '강바람 시원한 유보도(산책로)'와 함께 사회주의 강성대국의 이상향을 보여주는 시어(詩語)이다.

『조선문학』 2016년 5호에 실린 장시 〈운명의 피줄기: 조선로동당 제7차대회에 삼가드린다〉에서는 미래과학자거리를 '원수님의 사랑과 정 넘치는' '복받은 집', '인민의 집'으로 규정하였다.

이불장엔 차곡차곡

넘치게 포개져있는 꽃이불 꽃담요

텔레비죤에선 또 이 저녁

미래과학자거리 아득한 로대우에 서시여

인민에겐 또 하나 큰 선물 안겨주었다고

우리 원수님 방안 가득 해살 뿌려주시는 집

식장엔 밥사발 국사발

숟가락 저가락까지 해빛에 아롱져 웃고

쌀독엔 어머니도 채워주지 못한

그득그득 넘치는 하얀 백옥미

흰눈같은 타일 붙인 세면장에선

콸콸 쏟아지는 맑은 수돗물소리

이 마음 적시고 적시는 집

이 벽이로구나

아롱아롱 꽃벽지 바른 고운 벽

쓸어보고 또 쓸어보시며

인민이 좋아하니 나도 기쁘다고

이것이 바로 전화위복의 기적이라고

원수님의 사랑과 정 넘치는

복받은 집

아, 인민의 집

―장시 〈운명의 피줄기: 조선로동당 제7차대회에 삼가드린다〉[23]

미래과학자거리 주택지구 건설에서 강조한 것은 '새 세

---

23) 장시 〈운명의 피줄기: 조선로동당 제7차대회에 삼가드린다〉, 『조선문학』
2016년 5호, 28쪽.

기의 요구에 맞게 건축미학적으로, 조형예술적으로 특성을 살리는 것'이었다. 김정은 체제의 미래를 상징하는 거리이자 '미래과학자거리 주택지구'라는 명칭에 맞게 과학자들을 위한 모범도시 건설로 에너지 절약형 '고리형순환생산체계를 도입한 태양열온실'을 갖추고 있다.

김정은체제에서 미래 비전으로 제시한 '사회주의문명국'의 축소판으로 미래과학자거리를 구성한 것이고, 초고층아파트의 휘황찬란한 불빛은 김정은 미래의 찬란한 미래이자 김정은 시대 문학의 창작 소재가 되었다.[24]

8. 동트는 새 시대의 상징, '려명거리'

려명거리 건설 사업은 김정은 체제의 대표적인 치적 가운데 하나로 평가된다. 려명거리는 룡흥동 네거리에서 금수산태양궁전에 이르는 구간으로 부지 면적은 90만㎡이며, 연건축 면적은 172만 8000㎡이다. '려명'은 평양의 행정

---

24) 변영건, 〈사랑은 뜨겁다〉, 『조선문학』 2016년 5호, 66쪽: "미래과학자거리의 초고층살림집 불빛들은 강우에 새 천문도를 그려놓은듯 하다."

구역이기도 하지만 김정은 시대의 사회주의 문명국이 밝아온다는 의미도 있다.

『조선문학』 2016년 1호에 실린 리웅수의 소설 〈려명〉은 새로운 김정은 시대의 한 세기가 동터온다는 상징성을 잘

려명거리를 소재로 한 북한 달력의 표지

보여준다. 소설에도 김정은 시대의 평양 도시 건설에 대한 내용이 들어 있다.

소설 〈려명〉은 '김정일 동지'를 '보좌해드리고 밤늦어 평양에 도착'한 김정은이 김일성군사종합대학 연구소를 찾아와 신태영부총장과 함께 오랫동안 과학연구와 후진 양성을 위해 노력한 교원 우주성의 집을 방문하여 여명을 맞이한다는 줄거리의 소설이다.

소설 〈려명〉의 주인공은 부총장 신태영이다. "부총장 신태영장령은 몇해전 경애하는 김정은동지를 처음으로 만나 뵙게 되었을 때 심장이 띠끔하는 커다란 충격"을 느꼈다. "후리후리한 키에 환하면서도 영준한 존안, 푸른 영채가 빛나는 예지로운 안광과 보폭이 큰 활탈한 걸음씨"가 "분명 어버이수령님"이였기 때문이었다.

신태영 장령이 김정은을 보면서 "해방직후 모란봉공설운동장(당시)에서 개선연설을 하실 때 바다처럼 설레며 환호하는 군중들에게 해빛같은 웃음을 보내시던 백두산청년장군의 모습"을 떠올린다. 다시 살아오는 듯한 모습에 충격을 느낀 것이다. 그리고 "1970년대초 당의 기초축성시기 열정에 넘쳐 사업하시던 위대한 장군님의 모습"이었다.[25]

신태영장령은 김일성이 다시 살아온 것 같은 김정은을

보면서, 신태영은 "그이의 구상과 작전밑에 이제 얼마후면 경치좋은 이곳에 수백세대의 대학교직원들의 살림집들이 창공을 향해 키돋움할것이고 또한 만수대지구를 비롯한 수도의 곳곳에 새 세기의 요구에 따르는 인민들의 살림집들과 기념비적인 창조물들이 우후죽순처럼 일떠설것이다"26)는 희망 속에 여명을 맞이한다.

『조선문학』 2017년 6호에 실린 차명철의 시 「려명거리의 선언」은 려명거리 건설 사업의 의미가 어떤 것인지를 보여준다.

2017년의 태양절은
려명거리의 완공과 더불어
더욱 환희로운가
하늘을 찌를 듯 높이 솟은
70층살림집
여기에 올라 려명거리를 안아보노라

---

25) 리웅수, 〈려명〉, 『조선문학』 2016년 1호, 13쪽.
26) 리웅수, 〈려명〉, 『조선문학』 2016년 1호, 20쪽.

려명거리(2018년 달력 중에서)

그 무슨 최악의 봉쇄와 제재를

목이 쉬도록 떠드는 미제와 추종세력들

너희들은 려명거리이 무게를 알고싶을테지

고층건물에 들어간 강재의 톤수며

세멘트와 목재의 립방수를

편차없이 계산하느라 애쓰겠지

가소롭기 그지 없어라
아이들의 장난감까지도 제재항목에 넣었다는
너희들의 그 '이악성' 이온통 수입으로 살아가는 너희들에게
자강력이란 말이 금시초문이려니

(…중략…)

수령이 결심하면 실천이 되고
인민이 꿈을 꾸면 현실로 되는
주체조선의 이 신비한 힘은
다름아닌 자강력

세계여 들으라
려명거리는 선언하거니
자본주의가 패배자의 몰골이라면
사회주의는 승리자의 거룩한 군상이라고

—차명철, 〈려명거리의 선언〉[27]

---

27) 차명철, 〈려명거리의 선언〉, 『조선문학』 2017년 6호, 문학예술출판사, 30쪽.

려명거리 건설을 소개한 『로동신문』, 2016.6.21.

　려명거리 건설 사업은 김일성 탄생 105주년을 맞이하는 2017년 완공을 목표로 2016년 4월 3일부터 추진한 대규모 도시건설 프로젝트로 김정은 체제의 건재를 대외적으로 과시하기 위한 정치적 목적도 강했던 건설 사업이었다.

　려명거리 건설 사업이 시작된 2016년은 북한의 핵실험으로 인해 국제 사회의 대북제재가 더욱 강화되었던 해이다. 북한의 연이은 핵실험과 미사일 발사 등으로 인해 국제사회의 대북제재가 어느 때보다 더 강화된 가운데 36년 만에 개최되는 7차 로동당대회와 려명거리 건설이 추진되었다.

려명거리 건설 사업은 70층짜리를 비롯하여 44동, 4804 세대의 초고층 아파트를 건설하는 대규모 프로젝트였다. 북한은 려명거리 건설 사업을 '미제와 그 추종세력들과의 치열한 대결전'로 선포하고, 거리 건설을 위한 총력전을 전개하였다.

2016년 4월 3일 착공한 려명거리 건설 사업은 1년 만인 2017년 4월 13일 태양절에 맞추어 마무리되었다. 준공식에는 김정은이 참석한 가운데 내외신 기자를 초청한 가운데 화려한 준공식을 거행하였다. 2017년 4월 14일에는 김일성 종합대학교의 교수와 교직원들에게 입사증인 '살림집 이용 허가증' 배포하는 이벤트를 벌였다.

위대한 김일성-김정일주의

기치높이 주체혁명위업을

끝까지 완성하자!

로동신문

조선로동당 중앙위원회 기관지

제83호 [주계 제27053호] 루계110 (2021) 년 3월 24일 (수요일)

우리 당과 국가, 무력의

위대한 수반이신

김정은동지 만세!

평양시 1만세대 살림집건설착공식 진행
경애하는 김정은동지께서
착공식에 참석하시여 뜻깊은 연설을 하시였다

조선로동당 제8차대회가 제시한 원대한 구상에 따라 평양시 5만세대 살림집건설의 첫 해과업을 수행하기 위한 평양시 1만세대 살림집건설착공식이 성대히 진행되였다.

착공식은 3월 23일 수도 건설의 요충지에서 성대히 진행되였다.

본사정치보도반

2021년 제8차 대회 이후 시작된 평양시 1만 세대 살림집건설 착공식에 참석한 김정은

제5장 북한 아파트 뒷담화

1. 아파트 입사증과 생활의 권력

1.1. 입사증의 권력

북한에서 집은 개인이 소유할 수 없다. 아파트에 살기 위해서는 살림집에 들어갈 수 있는 권리인 입사증을 받아야 한다. 입사증을 받음으로써 새로운 거주지로 입주할 자격을 부여받는다. "예외적으로 당국 차원에서 시혜적으로 살림집을 제공한 경우나 외국인 및 재일동포에게는 개인

소유권이 인정되며, 이 경우 소유권 이전에 가능한 것으로 볼 수 있다."[1]

입사증을 받음으로써 새로운 거주지로 입주할 자격을 받는다. 국가로부터 주택을 배정을 받으면 입사증이 주어진다. 사회주의 체제에서 국가로부터 주거 권리를 받지만 좋은 집, 좋은 아파트에 들어가려는 욕망이 강하다. 북한 주민들의 거주환경에 대한 욕망은 보다 좋은 집에 대한 입사증을 받으면서 성취된다.

말타면 경마잡히고 싶다고 새집에 들어 얼마 안있어부터 아빠트가 부러워나기 시작했고 그러던차에 아빠트 입사증을 받아 기뻤다. 그것이 제대군인부부에게 양보되자 손에 쥐였던 꾀꼴새라고 놓친듯한 아쉬운 감정을 금할 수 없었다.

—유정옥, 〈우리집〉(『조선문학』 1973년 3호)

북한에서 최근 활성화된 아파트 거래 역시 실질적으로는 매매이지만 형식적으로는 '입사증 교환' 형태로 이루어

---

1) 최은석, 「북한도 부동산 붐?」, 『통일한국』 2017년 7호, 평화문제연구소, 41쪽.

진다. 북한에서도 아파트는 선호하는 주거형태이다 보니
보이지 않는 권력이 작동한다. 특히 평양 주민들에게 새롭
게 지어지는 아파트 입사증은 선망의 대상이자 권력이 작
동하는 공간이다.

도시의 단층 주택은 문화시설이 부족하고 낡은 경우가
많다. 방도 좁은방 두 칸 혹은 방 한 칸으로 구성된 경우도
있다. 아파트가 우선이기 때문에 아파트에는 편의시설이
상대적으로 잘 갖추어져 있어 선호대상이 된다.

1.2. 아파트 입주에 대한 열망

2006년에 상영되어 큰 인기를 모은 예술영화 〈한 녀학생
의 일기〉는 아파트에 대한 욕망을 읽을 수 있다. 주인공인
중학생 수련의 소원은 아파트에서 사는 것이었다. 아파트
에 살고 싶은 수련의 꿈이 시작된 것은 아홉 살 때부터였다.

"내가 아홉 살 때 누군가 내 소원이 무엇인가 물은 적이
있었다. 나는 아빠트에서 살았으면 좋겠어요 하고 대답하였
다. 내가 우린 왜 아빠트로 이사가지 않나요 하고 물으면 아
버지는 할머니가 땅 냄새를 좋아해서 그런다고 말해주곤 하

였다. 대신 우리 집에는 아빠트 아이들이 부러워하는 제비둥지가 있었는데 나에게 자랑거리란 이거 밖에 없었다. 이 집에서 내가 태어났고 연년생인 수옥이도 이 집에서 …"

—〈한 녀학생의 일기〉 대사 중에서

그렇게 아파트에 살기를 기다리던 기다리는 수련에게 이듬해 기쁜 소식이 들렸다. 아파트를 배정받은 것이었다. 꿈에 그리던 아파트에 살게 된 수련은 신이 나서 친구에게 자랑하였다. 하지만 이게 어찌된 일인지. 수련이는 아파트에 살지 못하게 되었다.

수련이네가 배정 받은 아파트에는 수련의 친구가 이삿짐을 내리고 있었다. 과학자인 아버지가 아파트를 배정 받자. 직장 동료가 '자기보다 아파트가 더 필요하다'면서, 배정권을 주었다는 것을 알게 되었다.

수련은 기가 막혔다. 세상에 이런 아버지가 또 있을까 하는 생각을 하면서, 수련은 '아버지가 진짜 자기의 아버지인가' 의심이 들었다. 이 일로 수련은 아버지를 좋아하면서도 갈등한다. 그래서 아버지가 그렇게 원하던 과학자의 길을 포기하려고 까지 하였다. 하지만 수련은 공장에서 묵묵히 생산성을 높이기 위해 일하는 아버지의 진심을 알게 되었고, 또 그런 아버지를 위해서 당에서 아파트를 배정해주는 것을 보면서 과학자로서의 길을 가기로 결심한다.

〈한 녀학생의 일기〉에서 알 수 있듯이 북한에서 아파트는 개인의 욕망과 관련되어 있다. 뿐만 아니라 권력의 척도이기도 하다. 국가에서 주택 배정을 받으면 아파트를 받아 살 수 있지만 소유할 수 없다. 그러나 현실적으로 북한에서 집은 소유 대상이자 욕망의 전시공간이면 개인적 이익 추구를 위한 공간으로서 기능한다.

신분이 좋은 사람이 우선적으로 좋은 아파트를 배정받는다. 북한의 경우에는 구역별로 행정기관이나 시설이 모여 있기 때문에 지역별로 직업이나 직장에 따른 아파트가 있다. 평양의 경우에는 당의 신분에 따라서 거주 지역이 결정되는 것이 일반적이다. 같은 지역에 같은 직장을 다니

예술영화 〈한 녀학생의 일기〉

는 사람들이 거주하면서, 아파트에서도 권력이 작동하게
되는 것이다.

1.3. 아파트 권력의 현주소: 〈우리집 문제〉

아파트와 권력 관계는 북한 영화를 통해서도 확인된다.
1970년대부터 시작해서 1980년대까지 제작된 북한 영화
'우리집 문제' 시리즈는 이러한 권력관계를 드러내는 작품
이다.

사회주의 현실 주제의 본보기 작품으로 시대적인 문제
현상을 고치고자 제작한 '우리 집 문제' 시리즈의 중심 공
간은 간부 아파트이다. 영화는 아파트가 북한 중산층의 자
기 과시욕과 권력욕이 배치되고 계열화되는 공간이라는
것을 확인할 수 있다.

북한은 사회주의를 건설하면서 모든 생산수단의 국유화를
단행했다. 그 결과 주택 역시 남한에서와 달리 소유물이 아닌
점유물로 의미 변환했다. 북한에서는 국가로부터 주택 배정
을 받으면 입사증을 받아 이사를 해 그곳에서 살지만 공식으
로는 자신이 살고 있는 집을 개인으로 소유할 수 없는 것으로

되어있다. 그러나 공식적 주장과 달리 북한에서도 집은 소유 대상이자 욕망의 전시 공간이며 개인적 이익추구를 위한 공간인 것으로 보인다.[2]

'우리집 문제' 시리즈 물의 하나인 예술영화 〈우리 아랫집문제〉는 이런 권력 관계가 아파트에 어떻게 작용하는지를 보여준다.

〈우리 아랫집문제〉에서 아파트를 배정받는데, 도(道) 건설처장은 자신보다 직급이 낮은 구역행정처장이 더 좋은 아파트를 배정 받자 지위를 이용해서 좋은 아파트를 가로채려고 한다.

부인: 이제 먹는 거 입는 거 다 남보다 낫게 잦췄는데 집이나 하나 좋은데로 받아서 이사 갑시다.

남편: 집?

부인: 수양거리에 요란한 아파트를 새로 하나 짓는게 있다면서요?

---

2) 이명자, 「〈우리집 문제〉를 통해서 읽는 북한 중산층의 제2사회」, 『통일문제연구』 19권 2호, 평화문제연구소, 2007, 409~410쪽.

남편: 아니 그건 어떻게 아오?

부인: 에그 구역행정위원네도 그리 이사간다는데 우린 못가요?

남편: 거긴 벌써 갈 사람들이 다 결정됐소.

부인: 예? 홍, 거기 가는 여편네들은 흔들거리겠구나.

남편: 아니 이 집이 어때서 그러오?

부인: 사람 값이 떨어지는거 같아서 그래요. 처음에는 뭐 간부 아파트라는 데가 한집 두집 더 좋은데로 다 이사를 가더니 홍, 이젠 떨어졌다 올라온 우편국장네가 이사오질 않나, 새파란 지도원이 이사 오질 않나. 아파트가 시시해지니 사람까지 덩달아 등급이 낮아지는 거 같아서[3]

구역행정처장이 입사증을 받은 아파트는 '거실이 넓고 망이 확 트였으며' 응접실과 협의실을 다 갖춘 '정말 마음먹고 짓는 집'으로 누구나 부러워하는 아파트였다. 새 아파트에 대한 정보를 들은 건설처장의 부인은 남편에게 말해서 새 아파트 입사증을 빼내오도록 압력을 가한다. 이런

---

3) 이명자, 「〈우리집 문제〉를 통해서 읽는 북한 중산층의 제2사회」, 『통일문제연구』 19권 2호, 평화문제연구소, 2007, 410쪽에서 재인용.

일을 바로 잡자고 영화를 만들었을 것이다. 영화를 만들어 홍보할 만큼 아파트는 내부의 권력이 작동하는 공간이다.

새롭게 지어지는 아파트들일수록 상대적으로 편의 시설을 잘 갖추었고 기존보다 넓은 거주 공간이었다. 특히 주요 거리에 지어지는 고급 아파트들은 건축 수준이 주변 살림집과는 눈에 띄게 차이가 난다.

말타면 경마잡히고싶다고 새집에 들어 얼마 안있어부터 아빠트가 부러워나기 시작했고 그러던차에 아빠트 입사증을 받아 기뻤다. 그것이 제대군인부부에게 양보되자 손에 쥐였던 꾀꼴새라도 놓친듯한 아쉬운 감정을 금할수 없었다.

(…중략…)

(아파트로 이사한 후) 부엌세간은 이미 다 갖추어져있었고 김치는 식당에서 해준다는 것이다. 숙영은 전기밥가마며 랭동기, 세탁기들을 이리저리 살펴보도 보고 만져도 보았다. 수도간에는 더운 물과 찬 물이 나오는 두 개의 수도꼭지가 나란히 있었다.

—〈우리집〉 중에서(『조선문학』 1973년 3호)

평양만 해도 새롭게 건설된 고급 아파트와 낡은 단층

살림집이 대규모로 존재한다. 거주 환경의 차이가 나타나는 것이 현실이기 때문이다. 북한의 소설과 영화에서 아파트 입사증을 둘러싼 갈등이 소재가 되는 것은 바로 이런 차이가 반영된 것이다.

2. 공동체 혹은 집단생활의 감시망

2.1. 집단주의 생활의 본보기: 〈꼬마 세대주〉

〈꼬마 세대주〉는 평양연극영화대학 청소년영화창작단에서 제작한 15분 길이의 예술영화이다. 영화라고는 하지만 드라마 단막극에 가깝다. 실제 2013년 9월에 조선중앙텔레비전을 통해 방영되었다. 마을 사람들이 공동으로 진

행하는 공동 사업에 적극적으로 참여하자는 주제를 담고 있다.

마을에서 거리 가꾸기 운동이 한참이다. 집집마다 사람들이 나와서 마을 가꾸기에 참여한다. 하지만 8층 8호 세대주는 동원에 소극적이다. 동원이 시작되면 늘 자녀들을 억지로 내보낸다.

이웃들은 그런 세대주에게 '누가 세대주냐'고 비판하지만 여유만만이다. '아이들이 세대주인 자기를 쉬게 하려고 자발적으로 나가겠다고 해서 어쩔 수 없다'고 변명한다. 다시 공동사업을 위한 동원이 발동되었다.

8층 8호 세대주는 이날도 나가기가 싫었다. 그래서 아들 인남을 대신 내보내고 쉬고 있었다. 이웃들은 어린 인남에게 일을 시키기가 곤란했다. 그래서 인남에게는 강변에 앉아서 공부나 하라고 하였다. 이웃사람들 덕분에 인남은 일하는 대신 강변에 앉아서 쉬게 되었다. 강변에 앉아서 놀던 인남이는 그만 실수로 신발 한 짝을 강물에 빠트리고 말았다.

얼마 후 인민반장 아주머니가 강변에 왔다가 인남이는 보이지 않고, 신발 한 짝만 물 위에 떠 있었다. 인민반장은 인남이가 강물에 빠진 것으로 알고는 급히 8층 8호 세대주에게 이 사실을 알렸다. 놀란 세대주는 강변으로 달려갔다.

신발 한 짝만 떠 있는 것을 본 세대주는 강물로 뛰어 들어서 애타게 인남을 찾았다. 인남을 찾는 소동은 다른 곳에서 한참 놀던 인남이가 강변으로 돌아오면서 일단락 되었다. 인남의 아버지는 이번 일을 계기로 세대주 동원에 적극적으로 참여하게 되었다.

2.2. 이웃인가? 감시인인가?: 〈우리 이웃들〉

북한에서 아파트는 공동체를 상징이다. 모든 것을 함께한다. 총화도 함께하고, 김장도 함께한다. 서로가 서로에 대해서 너무나도 잘 알고 있다.

2013년에 방영된 2부작 드라마 〈우리 이웃들〉을 보면 이웃의 관심이 어느 정도인지를 확인할 수 있다.

〈우리 이웃들〉은 아파트를 중심으로 벌어지는 부부 갈등이 핵심 줄거리이다. 김정은 시대 상징물로 선전하는 평양 창전거리 아파트를 배경으로 승강기 관리공인 아내와 트럭 운전수인 남편의 별거를 소재로 한다.

새로운 아파트로 이사를 온다는 소식을 듣고 아파트 주민들이 이사를 도와주려고 마중을 나오는데, 이불보따리

하나를 들고 아들과 함께 내린 길수는 이삿짐이 전부라고 말한다. 사실 이곳은 길수의 누이가 해외로 나가면서 비게 된 아파트인데 길수가 부인에게 결별을 선언하면서 아들과 함께 온 것이었다.

한편 아파트에 새로운 승강기 수리공이 배치된다. 새로 온 승강기 수리공은 더없이 좋은 사람이었다. 아파트 몇 동 몇 호에 누가 살고 있는지, 무슨 일을 하는지를 일일이 파악하고 있었고, 마지막 주민이 올 때까지 기다렸다.

아파트 주민들의 어려움을 도와주면서 성실하게 일하면

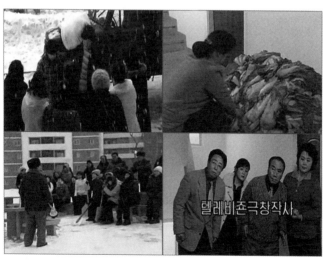

북한의 아파트 생활을 보여주는 텔레비죤극 〈우리 이웃들〉

서 아파트 주민들의 마음을 샀다. 아파트 주민들은 길수를 홀아비라고 생각하고는 승강기수리공인 수연과 맺어주려고 자리까지 마련하였다.

어쩔 수 없이 관계를 밝힌 수연은 괴로워하면서 다른 아파트 승강기 관리공으로 옮기려고 하였다. 그러던 두 사람은 광명성 로켓 발사 중계방송을 보면서, 기뻐하다 서로의 손을 잡는다. 이 일로 두 사람은 화해하고, 아이들과 함께 행복한 새해를 맞이한다.

3. '속도전' 건설과 부실공사

속도전이라고 하면 빠른 속도를 생각한다. 다른 한편으로 부실공사를 떠올린다. 충분한 시간을 갖지 않고 아파트를 지었으니 부실공사에 대한 우려는 당연하다고 할 수 있다.

우리나라에서도 아파트 건설과 부실공사에 대한 우려는 있었다. 부실공사의 대표적인 사례로 와우아파트 붕괴사고가 있었다. 1969년 착공된 와우아파트는 아파트 공사가 진행중이던 1969년 8월 29일 공사장 토사가 인근 주택을 살림집 건설장 사고를 보도한 『로동신문』, 2014.5.18.

덮치는 사고가 있었다. 와우아파트는 사고를 수습하고 1969년 12월 26일 준공하였다. 그러나 준공한 지 3개월도 안 된 1970년 3월부터 벽에 금이 가기 시작하였고, 1970년 4월 8일 15동이 붕괴되면서 대형 인명 사고가 났다.

북한 아파트 역시 이런 위험성을 안고 있다. 북한에서 아파트 건설은 인력을 통한 방법이 일반적이다. 최근에는 레미콘을 쏘기도 하지만 일반 아파트 건설에서는 여전히 등짐으로 흙을 골라서 벽돌을 만들어서 올리는 방식이다. 아파트 건설을 위해서 땅을 팠을 때 나오는 흙이 아파트 건설 자재가 되기도 한다.

빠른 속도로 높이 올려야 하는 문제는 기술과 자재가 동반되어야 안정성을 확보할 수 있다. 두 가지 문제를 완전하게 해결한다는 것은 첨단 기술이 뒷받침되어야 한다. 하지만 시간과 물량을 정해놓고 건설하는 방식, 단기간 내에 물량을 맞추어 빠르게 건설하는 방식에는 부작용도 커진다. 날림공사도 적지 않다고 한다.

단기간에 자원을 절약하며 목표를 달성 하는 것이 성과로 인정받는 건축 풍토에서는 충분한 기간을 갖고, 안정성을 확보하면서 건설하기가 쉽지 않다. 특히 천리마, 만리마의 속도를 강조하는 북한에서는 더더욱 쉽지 않은 조건이다.

북한 건축의 기본은 조립식 건축이다. 조립식 건축은 1950년대 말 도입되었다. 제한된 기간에 제한된 자원으로 많은 건축물을 지어야 했다. 더 빨리 많은 주택을 짓기 위해 건축 공법을 변경하고, 철근과 목재를 대체할 자원과 설계를 만들어냈다.

방음이 취약하고 난방이 부실해도 거주할 수 있는 공간을 마련하는 것이 우선이었다. 비가 오면 물이 새는 문제들이 빈번히 발생하기도 했다. 북한에서 아파트 건설이 본격적으로 시작되면서, 관련 산업도 활성화되고 있는 것으로 알려져 있다. 산업화와 표준화를 위한 기술표준도 강화되고 있다. 그러나 이런 문제가 단기간에 일시적으로 해결되기 어려운 한계가 있다.

김정은은 사회주의문명강국 건설의 일환으로 수준 높은 살림집 건설을 강조하였다. 2014년 5월에는 평양 평천구역에 있는 23층 아파트 붕괴사고가 발생하였다.

당시에 최부일인민보안부장, 선우형철 조선인민군내무군 장령, 차희림 평양시인민위원회위원장, 리영식 평천구역당위원회 책임비서 등이 피해자 유가족과 평촌구역 주민들에게 사과와 위로를 하였다. 오랫동안 관습으로 이어온 아파트 건축의 속도전 풍토가 사라지지 않는다면, 부실의 위험으로부터 벗어나기는 쉽지 않아 보인다.

4. 아파트 인테리어

북한에서는 아파트의 인테리어를 어떻게 할까? 북한에서 주택은 국가에서 공급하고, 주민들은 사용권을 갖는다.

북한의 민법에는 "국가는 살림집을 지어 그 리용권을 노동자, 농민, 사무원에게 넘겨주며 그것을 법적으로 보호한다"고 규정하고 있다.

주택에 대한 개인 소유는 인정하지 않으며 국가 및 협동단체의 소유권만을 인정한다. 주민들은 계층과 직위에 따라서 규격화되어 있는 살림집을 할당받는다.

북한 아파트의 내부 인테리어 문제를 다룬 영화가 두

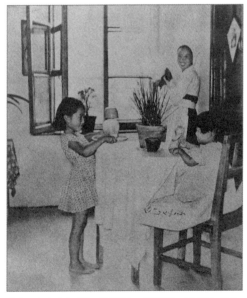

「엄마 우리집이 제일 깨끗해요!」, 『천리마』 1960년 10호.

편이 있다. 당에서 배려해 준 아파트를 그대로 잘 보존해야 한다는 것을 강조하는 단편드라마 〈우리의 집〉이 있고, 다른 한편으로 아파트를 잘 가꾸고 살아야 한다는 것을 주제로 하는 〈이것이 우리의 집〉이 있다.

4.1. 집을 잘 보존하자: 〈우리의 집〉

〈우리의 집〉은 나라에서 배정해 준 집을 소중하게 가꾸자는 주제의 텔레비전 토막극이다. 텔레비죤극창작단에서 제작하고 2008년 12월에 방영된 13분 길이의 단편 드라마이다.

과장동지는 현식이 부모와 함께 할 계획을 갖고 있다는 것을 알고는 자신에게 양보한 3칸짜리 살림집을 현식에게 양보한다. 현식은 과장동지의 배려에 감사하면서 3칸짜리 살림집으로 이사를 갔다. 과장은 현식이 살고 있던 2칸짜리 살림집으로 이사를 갔다.

두 사람이 집을 맞바꾼 것이다. 짐을 정리한 현식은 과장동지가 이사를 잘 하였는지 궁금해졌다. 현식은 자신이 살던 집으로 찾아갔다. 현식의 집에서는 한창 공사가 진행되고 있었다. 현식은 과장동지가 2칸짜리 집을 하찮게 생각하고는 건물관리소와 협의 없이 집을 고치는 것으로 생각하였다. 그리고는 조용히 과장을 돕기 위해 노력하였다.

하지만 과장동지는 집이 마음에 들지 않아서 수리를 하려고 한 것이 나이었다. 현식이 살던 집은 원래의 설계와 다르게 개조되었다는 것을 알고는 개조된 집을 원래 설계대로 다시 복구하기 위해서 수리를 하던 중이었다.

현식은 국가에서 내준 집을 소중하게 다루지 않았다는 지적을 받고 나서와 자신이 집을 함부로 하였다는 것을 반성하였다. 현식은 국가에서 내어 준 집을 소중하게 다루어야겠다고 다짐하였다.

4.2. 집을 잘 가꾸자: 〈이것이 우리 집이요〉

당에서 내려준 그대로 아파트에 만족하면서 살라는 주제와 달리 적극적으로 내부를 꾸려서 문화생활을 해야 한다는 영화도 있다. 2011년 9월에 조선중앙텔레비전을 통해 방영된 〈이것이 우리 집이요〉는 나라에서 마련해 준 보금자리인 집을 잘 가꾸어서 가정에서 문화생활을 즐기자는 주제의 예술영화이다.

19분 길이의 짧은 단편영화로 집을 잘 가꾸고 살고 싶어

하는 근식의 부인과 '당에서 내려 준 아파트 그대로 충분하다'는 근식의 갈등을 스토리로 한다. 2011년 9월에 조선중앙텔레비전을 통해 방영되기도 하였다. 줄거리는 다음과 같다.

근식의 부인은 집을 아름답게 꾸미고 사는 반장네처럼 집을 가꾸고 싶어 한다. 집을 어떻게 꾸밀 것인지를 직접 그림으로 그려서 남편에게 보여준다. 남편 근식의 생각은 달랐다. '나라에서 준 집이 이만하면 되었지 무엇을 더 바라느냐'면서 부인을 나무랐다.

당에서 내려준 집을 잘 가꾸며 살아가자는 주제의 영화 〈이것이 우리 집이요〉

마침 근식의 제수가 평양에 일이 왔다가 근식의 집을 찾았다. 근식의 제수는 근식 부인이 그린 그림을 보았다. 그리고는 자기 집 단장에 참고하고 싶다고 하였다. 동서가 그림을 마음에 들어 하는 것을 본 근식의 부인은 "남편이 이 그림을 마음에 들어 하지 않았다"고 말한다. 근식의 제수는 근식의 눈이 높아서 마음에 들지 않았다고 생각하였다. 그리고는 자기 집을 더 잘 꾸릴 계획을 한다.

시간이 흘러 근식이 동생이 사는 지방으로 출장을 가게 되었고, 동생의 집에 들렀다. 동생의 집은 여러 가지 물건으로 장식되어 있었다. 근식은 동생에게 집에 너무 많은 장식이 있으면 번잡스럽다면서 정리하라고 하였다.

하지만 동생 성식은 가정을 문화적으로 꾸리는 것이 왜 잘못이냐고 반대하였다. 당에서 마련해준 보금자리를 더욱 잘 꾸며 집안에서 문화생활을 하는 것은 아름다운 일이라고 하였다. 성식의 말을 들은 근식은 자신이 잘못된 낡은 생각을 갖고 있다는 것을 반성하였다.

4.3. 인테리어와 도시 미관

북한에서도 최근 아파트 리모델링에 대한 관심이 높아

졌다고 한다. 아파트 건설은 단순한 주택 문제를 넘어서는 산업의 중추 분야이다. 대한민국을 대표하는 회사는 대부분 건설회사를 갖고 있다.

주택을 건설하려면 시멘트도 있어야 하고, 철근도 있어야 한다. 창호를 비롯한 외장재도 있어야 하고, 유리나 가수, 소파, 커튼, 가구에 이르기까지 산업 파급효과도 매우 높다.

김정은 시대에 급증하는 아파트 건설은 정치적인 차원에서만 볼 문제가 아니다. 아파트 건설이 활발해지면서, 관련 건재 사업도 활기를 띤다. 산업에서도 규격화, 표준화에 대한 강한 요구가 발생하였다.

예전에는 있는 그대로 아파트를 배정해주면 그대로 살았지만 최근에는 건재상을 통해 생활에 필요한 각종 생활용품을 구입해서 아파트를 재구성하면서 다른 사람과의 차이를 둔다. 소유가 불가능한 시대의 아파트와 달리 소유에 대한 욕심이 생겨나면서, 다른 사람과 다른 나만의 집을 꿈꾸는 새로운 인식이 생겨나고 있는 것이다. 그렇게 북한에서 아파트는 '당의 은덕'에서 '욕망의 과시'로 달라지고 있다.

살림집을 어떻게 가꿀 것인지는 각자의 몫이기는 하지

외벽에 화분을 둔 아파트

만 전체적으로 보면 도시 미관과 관련된다. 1982년 『천리마』 6호에는 '비둘기통'에 대한 흥미로운 기사가 실렸다.

비둘기통은 건물의 형태와 비둘기들이 앉는 장소에 따라 달리 놓아주어야 합니다. 단층살림집에서는 지붕우에, 기관, 기업소건물에는 처마밑에, 아빠트인 경우에는 햇볕이 잘 드는 채양우에 놓습니다. 비둘기통은 그자체가 관상적가치가 크기 때문에 문화적으로 보기 좋게, 아담하게 해놓아야 합니다.4)

---

4) 「비둘기를 어떻게 기를 것인가」, 『천리마』 1982년 6호.

도시의 평화를 상징하는 비둘기 집을 건물 형태와 비둘기들이 앉는 장소에 따라 '보기 좋게, 아담하게 해 놓아야 한다'는 내용이다.

1980년대까지 비둘기는 평화의 상징으로 사람들의 사랑을 받았다는 것을 확인할 수 있는 대목이다. 한때 도심에서 비둘기는 평화의 상징으로 각광받았다. 특히 올림픽을 앞두고 비둘기는 평화의 상징으로 사랑받았다.

평화로운 풍경이라고 하면 거리에서 아이들이 비둘기에게 모이를 주면서 장난치는 모습을 떠올렸다. 평화를 상징하며 사랑을 받았던 비둘기도 이제는 많은 경우 도심의 골칫거리의 하나가 되었다.

5. 난방과 에너지

아파트 건설에서 가장 중요한 문제는 에너지이다. 예나 지금이나 아파트에 공급할 에너지는 아파트 건설의 가장 큰 문제였다.

북한의 취사용 연료로는 구멍탄, 갈탄, 나무 등이 주로 이용되었다. 이 중에서도 석탄의 비중이 높았다. 초기아파

북한의 주요 에너지원인 구공탄과 갈탄

트의 에너지는 석탄이었다. 석탄은 기름이 부족한 북한에서 주요 에너지 원천이었다. 하지만 석탄의 생산과 공급도 원활하지 않았다.

1961년부터 시작된 경제개발 계획이 본격적으로 시작되면서, 석탄 수요가 크게 늘었다. 석탄 증산을 위해 채굴할 광산을 늘였다. 하지만 한계가 있었다. 늘어나는 석탄 수요를 감당하기는 어려웠다. 산업 전반에서 석탄이 필요하였다. 산업체에 석탄을 공급하기에도 충분하지 않았다. 가정으로 갈 석탄은 자연스럽게 줄어들었다.

부족한 석탄 공급을 해결하기 위한 대안을 제시했다. 한편으로 기관이나 기업소에서는 중소규모의 탄광에서 캐낸 석탄을 이용하여 해결할 것을 주문했고, 다른 한편으로 살림집의 수요를 줄여 산업체로 활용할 수 있도록 하였다. 가정집에서는 구멍탄으로 석탄을 절약할 것을 강조하였다.

산업체에서 석탄 사용이 늘어나자, 가정에서 사용한 석탄을 줄여서, 기업체로 보내고, 가정에서는 무연탄을 이용한 구멍탄으로 연료를 대체할 것을 주문하였다.

1965년 12월 26일자 『로동신문』에는 '년내로 모든 집에서 구멍탄을 도입할 목표'라는 큰 제목 아래 석탄절약과 구멍탄 사용에 대한 여러 편의 기사가 실렸다.

구멍탄을 보도한 기사, 『로동신문』, 1965. 12.26.

'구멍탄을 도입하면 시'적(※ 당시 된소리 표기법)으로 연
간 1만 3천 200톤의 석탄을 절약할수 있다―남포시에서'
기사는 '남포시 주민들이 나라 살림을 아끼기 위하여 가정
에서 많이 쓰는 석탄 대신 구멍탄을 만들어 때는 사업을
활발히 하고 있다'고 소개하면서 '구멍탄을 만들어 때면
많은 석탄을 절약할 수 있다'고 강조하였다.

「구멍탄을 때서 석탄을 절약한다」는 기사에는 '평양시
동대원구역 동신 1동 11호 주택인민반들에서는 모든 세대
가 구멍탄을 도입'이 살려 있고, 구멍탄을 잘 만드는 방법
에 대한 원산시 철산동 제42인민반 김성금의 글 「무연탄
한 톤으로 5개월 땐다」를 소개하였다.[5]

우리 가정에서는 구멍탄을 때는데서 큰 경험을 얻었다.

구멍탄을 때기전까지만 해도 나는 방이 덥지 않고 불이 자
주 꺼지지나 않을가 하는 우려를 했다.

그러나 나는 여러 가정 부인들의 방조를 받으면서 이악하
게 달라붙었다.

그런데 처음에는 구멍탄이 자꾸 부서지고 잘 타지 않아 큰

---

5) 「년내로 모든 집에서 구멍탄을 도입할 목표」, 『로동신문』, 1965.12.26.

애를 먹었다.

그래서 나는 이미 구멍탄을 때고 있는 여러 가정들을 찾아다니면서 구멍탄을 만드는 방법과 부엌 아궁이를 어떻게 쌓아야 하는가를 구체적으로 알아다 그대로 해보는 과정에 이제는 아주 충분한 경험을 얻었다.

우선 구멍탄을 만들기 하루전에 무연탄과 흙을 잘 섞어 물을 뿌려 푹 재운 다음에 구멍탄을 만드니 부서지는 폐단을 방지할수 있었다.

그리고 나는 여름에는 구멍탄 직경이 좀 적은 것을 쓰며, 겨울철에는 좀 큰 것을 때였다.

그래서 우리 가정에서는 1년 동안에 2.5톤의 무연탄 밖에 쓰지 않으며 특히 추운 겨울에도 1톤의 무연탄으로 더운 방에서 지내고 있다.[6]

개별난방이었던 에너지 문제는 1970년대로 넘어가면서 중앙난방으로 바뀌었다. 주요 도시의 중앙난방이 시작되었다. 1970년 조선로동당 제5차 대회에서 김일성은 중앙위원회 사업 총화 보고에서 "평양시를 비롯한 중요도시들에

---

[6] 「무연탄 한 톤으로 5개월 땐다」, 『로동신문』, 1965.12.26.

중앙난방을 실시하여 근로자들이 더 편리하고 문화적 생활을 할수있게 하여야 할 것입니다"[7]라고 하였다. 지금도 주요 건물에서는 중앙집중식 난방을 하고 있다.

북한의 주거 난방 유형을 보면, "전국적으로 가정용 석탄난방이 보편적이며, 이어 가정용 나무난방의 형태를 보이고 있다. 평양도시지역 공동주택의 경우 중앙 또는 지역 난방방식이 보편적이지만 공동주택의 경우에도 석탄난방을 하는 비중이 33.5% 수준이다".[8] 기름이 부족하기 때문이다.

취사용 연료로는 구멍탄, 갈탄, 나무 등이다. 시골의 경우에는 화덕을 이용하기도 한다. 오래 된 아파트의 경우에는 칸별로 굴뚝이 있는 곳도 있다. 일반 아파트에는 번개탄을 이용한 화덕이 있고, 가스렌지를 이용하기도 한다.

연유(휘발류)판매소에 가면 가스 충전소가 있기는 하지만 사용 비율은 높지 않다. "평양 도시지역의 경우도 전기

---

7) "조선 로동당 제5차 대회에서 한 중앙위원회 사업 총화 보고(김일성)", '우리 나라 사회주의 제도를 공고 발전시키기 위하여. '5. 인민 생활의 균형적 발전', 『조선로동당대회자료집』 제3집, 국토통일원, 1988, 57쪽.
8) 정창무, 「북한의 도시, 인구와 주택」, 『대한토목학회지』 60권 3호, 대한토목학회, 2012, 30~31쪽.

전기를 이용한 취사가 가능한 북한 아파트의 부엌(좌), 도시의 야경을 강조한 방송물(우)

나 가스, 석유를 취사 연료로 활용하는 세대 비중은 41.06%
수준에 불과하다. 전국적으로 대부분의 농촌지역은 취사
연료나 나무나 장작을 사용하고 있으며, 전기나 가스, 석유
의 활용 비중은 1.54%에 머물고 있다."[9]

전기도 중요한 고민거리이다. 전기 사정이 넉넉지 못하
여, 순번으로 전기가 들어오기도 한다. 밤이 되면 아파트에
불어 켜진 날도 있고, 꺼진 날도 있다.

부족한 에너지를 만회하기 위해서 태양광 전지판이
2010년대 중반부터 크게 유행하기 시작하였다. 태양광전
지판 1개면 형광등을 켤 수 있을 정도이다. 주요 거리에는
집집마다 태양광전지판이 하나씩은 기본적으로 붙어 있

---

9) 정창무, 「북한의 도시, 인구와 주택」, 『대한토목학회지』 60권 3호, 대한
토목학회, 2012, 31쪽

다. 햇빛이 잘 드는 집과 잘 들지 않은 집은 차이가 있는데, 같은 아파트에서도 햇빛이 잘 드는 아파트에 사는 것은 신분 차이로 볼 수 있다.

6. 체인스토어 '황금벌 상점'

2014년 12월 20일 주택지구에서 새롭게 문을 연 '황금벌 상점'은 "아침 6시부터 밤 12시까지 문을 열고 주민들에게 식료품과 각종 일용품들을 판매"하는 "련쇄점(Chain store)의 형태를 갖춘 봉사망"으로 소개하였다. 아침 6시부터 밤 12시까지 18시간 문을 연다고 하였다.

북한의 전력이나 생활환경으로 볼 때는 사실상 24시간 영업을 하는 상점으로 보아야 한다. 북한에서 종합상점 형태의 점포가 아침 6시부터 밤 12시까지 영업한다는 것은 기존의 관행으로는 상상하기 어려운 일이었다.

주민들에게는 아침식사에 필요한 부식물이다 장갑, 목도리 등에 이르기까지 일상생활 필요한 식료품과 일용품을 판매하는 편의점이다. 운영 방식도 주목된다. 하나의 이름을 걸고 체인점 형태로 운영된다. 1차로 "중구역, 보통강구역의 세 군데에서 개점" 하였는데, 각 지점은 지역명을 앞에 붙인 황금벌상점으로 명명하였다.

중구역 경상동 창전네거리에 생긴 상점의 경우에는 '경상황금벌상점'이라고 부르는 식이다. 경상황금벌상점은 3층 건물에 40여 명의 종업원이 교대로 근무한다. 황금벌시장은 평양의 모란봉구역과 락랑구역, 평천구역을 비롯해서 평양에 100여 개의 상점을 계획하고 있으며, 지방도시에도 새로운 형태의 인민봉사망을 확충할 계획을 밝혔다. 입지조건은 달라도 모든 상점에서 품종과 가격을 통일시켜 나갈 계획이라고 한다.

기업의 CI가 생긴 것이다. 북한에서는 브랜드에 대한 인식이 낮았다. 상점의 경우에는 지역명과 품명을 병기하는 방식이었다. 하지만 단일브랜드로 체인점이 생겼다는 것은 시장을 의식한 조치로 보아야 한다. 상점의 운영 주체는 무역회사이며, 국영상점이다.

국영상점에서 기존의 노동시간을 초과하여 운영한다는 것은 그만큼 경제활동이 다양한 형태로 이루어지고 있고, 인민들의 수요에 맞는 경제시스템의 작은 변화가 일어나고 있다는 것을 보여준다. "량승진 사장은 '인민들이 상점에 의거하여 국가적 혜택을 받으면서 안정된 생활을 누리도록 하여야 한다'는 점을 강조하였다"고 하였다. 인민들의 생활이 계획에 의해 이루어지기보다는 실질적으로 시장을 통해 이루어지고 있음을 인정한 것이다.

가격은 상대적으로 저렴한 편이라고 소개하면서 가격경쟁력은 북한 지역의 여러 생산 단위로부터 "대량수매하는 방식으로 상품 값을 조정하고 수매와 판매의 순환속도를 부단히 올리면서 저가격수매－저가격판매의 선순환을 보장"하고 일부 수입상품의 경우에는 '관세에서 특혜'를 통해 가격을 낮추었다고 소개하였다.

이렇게 해서 이루어진 "저가격에 의한 고급상품판매는 이처럼 어느 개별회사의 수완에 의한 것이 아니라 사회주의제도와 인민적시책의 산물"로 강조하였다. 앞으로는 "손님의 자택까지 상품을 가져다주는 주문배달봉사, 식료품 위주의 이동판매, 주문에 의한 건식세탁봉사, 비행기 표나 렬차표의 예약봉사를 비롯하여 상품판매의 범주를 벗어난 '다기능 종합봉사'도 계획하고 있다고 한다.[10]

---

10) 「새로운 상업형태, 황금벌상점: 주택 지구에서 하루 18시간 영업」, 『조선신보』, 2015.02.02.

제6장 북한 아파트

: 거주 수단에서 신분 차이의 상징으로

　북한에서 평양은 특별한 의미가 있다. 혁명의 수도이자 사회주의 낙원으로 건설되어야 할 이상향이다. 평양은 오랜 역사와 함께한 역사적인 도시였다.

　하지만 현재 평양의 모습은 사회주의 도시 건설의 모델 도시를 띠고 있다. '6·25전쟁'을 치르면서 평양 대부분이 폭격으로 파괴되었고, 현재 평양의 도시 계획은 소련을 비롯한 사회주의 국가의 지원에 의해 이루어지면서 도시의 성격이 바뀐 것이다.

사회주의 정권이 최초로 세워진 소련에 이어서, 두 번째로 건설된 사회주의 정권이었다. 사회주의 본보기 도시로서 평양이 기획되었다. 휴전이라는 어느 한 편의 승리도 아닌 상태에서 전쟁이 끝났다. 이데올로기 경쟁은 전쟁을 거쳐 도시 재건을 통해 재연되었다. 사회주의를 상징하는 정치적 상징물이 도시 재건에서 최우선으로 고려되었다.

'전후복구건설' 시기 평양의 재건에서 가장 우선으로 고려된 것은 정치적 상징성이었다. 한반도가 남과 북으로 갈리여 치열한 이데올로기의 대결을 거친 직후에 다시 건설한 평양이었다. 한반도를 전쟁으로 이끌었던 동서 양진영의 이데올로기 경쟁은 아직도 진행 중이었다.

1954년부터 1956년까지 제1차 3개년 재건계획을 통하여 전쟁으로 파괴되었던 도시들이 재건되었다. 사회주의 진영의 국가들이 북한의 도시계획에 참여하였다. 사회주의 국가들로부터 자원과 기술적 원조를 받으면서, 전쟁 이전과 다른 모습으로 도시가 형성되었다.

평양은 불가리아와 헝가리로부터 지원을 받았다. 전후복구에 건설된 평양의 모습은 재건에 참가한 이 두 나라의 영향을 많이 받았다. 건축적 양식과 도시 구성에서 조선시대의 전통 건축이나 일본 강점기에 세워진 건축보다 전후 복구건설 시기에 평양을 기획한 이 두 나라의 양식에 보다 직접적인 영향을 받았다.

북한은 '6.25전쟁으로 완벽하게 파괴된 평양의 모습을 재건하면서도 역사도시의 근간을 계승한다'고 하였다. 하지만 새롭게 복구된 평양의 모습은 복구 이전과는 크게 달랐다. 사회주의 도시계획의 개념에 의거하여 가장 전시(展示)적이면서도 질서 정연한 계획적인 사회주의 모범 도시로 건설되었다.

평양 재건 사업이 사회주의 계획도시로서 완벽하게 진행될 수 있었던 것은 '전쟁'과 '사회주의 체제' 때문이었다. '전쟁'으로 인해 파괴된 평양의 모습은 새로운 계획도시로서 재건할 수 있는 물리적 토대가 되었다. 여기에 사회주의 체제의 특성상 토지의 사적 소유가 금지되어 있었다.

도시 개발에서 가장 중요한 요소인 개별 필지가 북한에는 존재하지 않는다. 개인 소유가 허락되지 않으니 도시계획과 개발에서 개인적인 요소가 개입할 여지가 없었다. 도시 전체를 하나의 틀 안에서 계획적으로 개발할 수 있었

다. 도시의 규모와 기능을 국가 차원에서 결정하고 추진할
수 있었다.

전쟁 이후 평양을 새롭게 건설하는 것은 도시를 건설하
는 사업을 떠나 사회주의 본보기 도시 건설, 북한식 사회주
의의 성과, 북한이 지향하는 사회주의 이상향의 건설과 직
결된 문제였다.

사회주의를 상징하는 건축과 도시가 이념에 따라서 배치
되었다. 평양의 심장이라고 할 수 있는 만수대 언덕의 김일
성 동상, 군중행사의 핵심 공간이 되는 김일성 광장과 인민
대학습당은 국가 행사 연출을 위한 무대 공간이 되었다.

김일성 광장 제일 높은 중앙부에 거대한 규모의 인민대
학습당이 있고, 광장의 양끝에는 미술관과 박물관이 있다.
김일성 광장의 앞은 대동강이다. 도서관을 정점으로 양쪽
끝에 미술관과 박물관이 위치한 광장의 존재는 세계 어느
곳에서도 예를 찾을 수 없는 구조이다. 무대 뒤편을 장식하
는 듯한 거대한 인민대학습당과 대동강을 마주한 김일성
광장은 평양의 정치성을 가장 잘 드러내는 무대가 된다.

김일성 광장의 건너편, 그러니까 주체사상탑에서 바라

보면 김일성 광장은 완벽한 공연장 구조를 갖추고 있다.

김일성 광장은 지금도 국가적 차원에서 주요 행사나 명절을 위한 국가 의례 공간으로 활용되고 있다. 우리 눈에 익은 군사퍼레이드나 횃불행진도 김일성 광장에서 화려하게 연출된다.

노동당 창건 70주년 축하행사를 비롯한 대형 공연에는 김일성 광장 앞편 대동강까지 무대로 활용한다. 혁명가극이 연출되는 공연장처럼 군중들은 건물 사이의 이동을 통해 한쪽을 통해 나타나 다른 편을 향해 사라진다.

전쟁이 끝나고 시작된 복구 건설을 계기로 시작된 도시개발에서 중심을 이룬 것은 아파트였다. 인민들의 주거문제 해결이 도시계획의 가장 우선적인 사업이었다.

'속도', '높이'는 북한의 아파트 건설보도 마다 등장하는 단골 용어이다. 속도와 높이를 내세우던 아파트 건설도 고난의 행군을 지나면서 주춤하였고, 2009년대 들면서 다시 시작된 아파트 건설은 '새로운 평양속도'라는 타이틀로 재개되었다.

새로운 주체 100년이 시작되는 2012년을 기념하기 위한 초고층살림집 건설이 다시 시작되었다. 이후 평양의 아파트 건설은 김정은의 주도 하에 '과학', '민족'과 결합한 강성대국 건설을 과시할 수 있는 가장 대표적인 성과물로 선전되고 있다.

북한 건축은 민족 건축이고, 민족 건축은 곧 주체 건축이다. 김일성에서 시작하여 김정일을 거치면서 굳어진 건축에서 주체는 김정은 시대로 온전히 이어졌다.

"설계를 특색있게 한다고 하면서 우리 식이 아닌 건축양식과 풍조를 뜰어들이는 일이 없도록 철저히 경제하여야 한다. 남의 식을 좋아하고 그것을 본따는 것은 주체성이 없는 표현이다. 남의 것 가운데서 좋은 것, 앞선 것은 받아들여야 하지만 그것을 기계적으로 모방하거나 기본으로 내세우지 말아야 한다. 세계적인 추세와 다른 나라의 좋은 것들을 받아들이는 경우에도 우리 인민의 지향과 사상감정에 맞게, 우리 나라의 구체적인 현실에 맞게 우리 식대로 발전시켜 우리의것으로 만들어야 한다"고 힘주어 말한다. 주체의 건설 원칙은 북한 건축의 절대 진리로 작동하고 있다.[1]

아파트를 중심으로 한 도시 스카이라인의 변화는 곧 북한 체제의 변화를 상징한다. 김정은 체제가 본격적으로 시작한 2012년 이후의 아파트는 외관에서부터 이전과는 판이하게 달라졌다.

2015년 완성한 미래과학자거리아파트는 대동강 변을 끼고 화려한 외관을 갖춘 고층아파트로 건축되었다. 대학에서 과학기술분야의 전문가, 퇴직 원로들을 대상으로 한 아파트를 건설하면서, 외벽을 네온사인으로 장식하였다. 다분히 사회주의 조선의 건재를 야경으로 과시하기 위한 장식이었다.

어떻게 도시를 건설하고, 어떻게 지을 것이며, 어떻게 분배할 것인지는 온전히 국가의 몫이다. 모든 생산수단이 국유화되었기 때문이다. 아파트에 들어갈 수 있는 권한은 당에게 있다. 아파트는 당에서 배정한다. 이런 점에서 특별한 아파트는 당의 따뜻한 선물을 의미한다.

도시계획과 주택 건설이 인민의 수요보다는 당의 계획

---

1) 리기준, 「건축창조사업에서 주체성을 견지하는 것은 건설에서 대번영기를 열어나가기 위한 원칙적요구」, 『경제연구』 2014년 제3호, 과학백과사전출판사, 24쪽.

이 우선하기에 평양을 비롯한 도시 건설의 모든 성과는 수령과 연결된 당의 은덕으로 귀결된다. 고층살림집은 곧 당에서 인민에게 하사하는 '하늘같은 은덕', '경애하는 원수님께서 안겨주시는 사랑의 선물', '당의 은정 속에 나날이 꽃피어나는 인민생활'의 상징이다.

좋은 아파트를 얻기 위한 경쟁도 치열하다. 할 수 있는 다양한 방법이 동원되기도 한다. 보이지 않게 권력이 작동하는 공간이다. 예술인아파트가 있고, 대학별로 마다 교직원아파트가 있다.

구역에 따라서 직업이나 지역별로 아파트가 있다. 부모가 당 간부이고 신분이 좋으면 중앙당 시설이 모여 있는 중구역에 아파트를 배정받을 수 있다. 광복거리나 통일거리가 상대적으로 사회적 지위가 낮다고 할 수 있다.

좋은 아파트, 고급 아파트는 선망의 대상이다. 아무리 자기가 나고 자란 곳이 제일이라고 선전을 해도, 당의 은덕으로 배려 받은 고급 아파트에 살 수 있는 도시, 그 중에서도 평양은 모든 인민의 선망 대상이다.

평양에서 아파트는 국가 권력이 직접 작동하는 수단이

되었다. 중구역의 고층아파트, 미래과학자거리의 고급 아파트는 당의 은덕을 받은 성스러운 공간이 되었다. 국가에 의한 거주 공간의 독점과 분배 속에서 체제의 권력이 서열화되는 권력 쟁투의 공간이다.

「5만세대 살림집건설과 전망」, 『천리마』 1990년 11호.

「건축의 영재」, 『천리마』 1985년 7호.

「비둘기를 어떻게 기를 것인가」, 『천리마』 1982년 6호.

「살림집건설을 첫 자리에 놓으시고」, 『천리마』 1984년 12호.

강병영, 「우리나라 초기 아파트의 특성에 관한 연구」, 서울시립
　　대학교 석사논문, 2010.

강영환, 『한국 주거문화의 역사』, 지문당, 2004.

건국대학교 통일인문학연구단, 『코리언의 생활문화』, 선인, 2012.

김대년·이기춘·이가영·이은영·이순형·박영숙·최연실, 「북한 주
　　민의 주거생활실태와 주거행동에 관한 연구: 탈북인 대상의
　　면접 및 설문조사 분석을 중심으로」, 『한국가정관리학회지』
　　제17권 4호, 한국가정관리학회, 1999.

김일성, 「혁명교양, 계급교양에 이바지할 혁명적영화를 더 많이

만들자: 조선로동당 중앙위원회 정치위원회 확대회의에서 한 연설, 1964년 12월 8일」, 『김일성저작집18(1964.1~1964. 12)』, 조선로동당출판사, 1982.

김정일, 「건축예술론, 1991년 5월 21일」, 『김정일선집(11)』, 조선 로동당출판사, 1997.

리갑재, 「각이한 언어에 왜 같은 말이 있게 되는가?」, 『문화어학 습』 1980년 4호.

리현덕, 「주체적인 수도건설구상을 꽃피우는 위대한 향도」, 『천 리마』 1982년 2호.

문학예술종합출판사, 『조선가요 2000곡집』, 문학예술종합출판 사, 1994.

발레리 줄레조, 길혜연 옮김, 『한국의 아파트 연구』, 아연출판부, 2004.

발레리 줄레조, 『아파트 공화국: 프랑스 지리학자가 본 한국의 아파트』, 후마니타스, 2007.

변영건, 「어머니는 동구밖에 서계신다」, 『조선문학』 2015년 11호.

서우석, 「북한의 주거실태와 주택정책에 대한 평가」, 『건축사』 2000년 4호.

석창의, 「은덕역」, 『천리마』 1977년 7호.

손낙구, 『대한민국 정치사회지도』, 후마니타스, 2010.

안창모, 「북한건축의 이해: 북한사회 연구의 지속성 확보를 위한 제언」, 『건축』 58권 8호, 대한건축학회, 2014.

양동신, 『아파트가 어때서: 문명과 사회를 바라보는 관점을 바꾸다』, 사이드웨이, 2020.

이근성, 「현대 한국 아파트 온돌의 형성」, 서울대학교 박사논문, 2011.

이명자, 「〈우리집 문제〉를 통해서 읽는 북한 중산층의 제2사회」, 『통일문제연구』 19권 2호, 평화문제연구소, 2007.

임동우, 「평양의 도시 계획」, 『환경논총』 52권, 서울대학교 환경대학원, 2013.

정병호, 『고난과 웃음의 나라』, 창비, 2020.

장성수·김진균, 「아파트 주거민의 사회계층적 성격에 관한 연구」, 『대한건축학회논문집』 10-12, 1994.

전남일·손세관·양세화·홍현욱, 『한국 주거의 사회사』, 돌베개, 2008.

전수철, 「미래과학자거리조감도앞에서」, 『조선문학』 2015년 6호.

전영선, 「코리언 생활문화와 의식주」, 『코리언의 생활문화, 낯섦과 익숙함』, 선인, 2014.

정창무, 「북한의 도시, 인구와 주택」, 『대한토목학회지』 60권 3호, 대한토목학회, 2012.

정현목, 「가치있는 아파트 만들기」, 서울대학교 박사논문, 2015.

조선문학예술총동맹출판사, 『천리마 시대의 노래』, 1963.

최은석, 「북한도 부동산 붐?」, 『통일한국』 2017년 7호, 평화문제
연구소.

평양건설전사편찬위원회, 『평양건설전사』 2, 과학백과사전종합
출판사, 1997.

■ 전영선 지음

건국대학교 통일인문학연구단 HK연구교수. 한양대학교에서 국어국문학을 전공하고, 고전문학으로 문학박사 학위를 받았다. 한반도 평화와 통일을 인문학적으로 성찰하고, 통일개념을 디자인하는 통일디자이너이자 남북문화의 차이를 소개하고 번역하는 통일문화번역가로 강의와 활동을 하고 있다. 주요 저서로는 『북한 지식사전』, 『공화국의 립스틱: 김정은시대 뷰티와 화장품』, 『찾아라 만리마 슈퍼마켓 새우맛튀기과자』, 『김정은의 전략과 북한』, 『한(조선반도) 개념의 분단사 '문화예술편'』, 『어서와 북한 영화는 처음이지』, 『NK POP: 북한의 전자음악과 대중음악』, 『북한의 체육정책과 체육문화』, 『북한에서 여자로 산다는 것』, 『김정은 리더십 연구』, 『글과 사진으로 보는 북한의 사회와 문화』, 『영상으로 보는 북한의 일상』, 『북한의 언어-소통과 불통 사이의 남북언어』 등이 있다.

■ 건국대학교 통일인문학연구단

건국대학교 통일인문학연구단은 통일문제에 대한 인문학적 성찰과 지혜를 모으고자 '소통·치유·통합의 통일인문학'을 아젠다로 출범하였다. 2009년 한국연구재단의 인문한국(HK)지원사업에 선정되면서 통일인문학 관련 학술연구사업을 수행하였고, 2019년에 인문한국플러스사업(HK+)에 선정되어 통합적 코리아학을 위한 연구를 진행하고 있다. 통일인문학기획도서는 남북의 문화적 소통과 통일 공감대 확산을 위해 기획하였다. 북한의 언어, 북한주민의 일상, 북한의 문화, 북한의 여성, 북한의 체육 등의 생활문화를 대상으로 한 시리즈로 출판하고 있다.

북한 아파트의 정치문화사
: 평양 건설과 김정은의 아파트 정치

© 전영선, 2022

1판 1쇄 인쇄__2022년 05월 15일
1판 1쇄 발행__2022년 05월 25일

지은이__전영선
펴낸이__양정섭

펴낸곳__경진출판
　　　　등록__제2010-000004호
　　　　이메일__mykyungjin@daum.net
　　　　사업장주소__서울특별시 금천구 시흥대로 57길(시흥동) 영광빌딩 203호
　　　　전화__070-7550-7776　팩스__02-806-7282

값 15,000원
ISBN 978-89-5996-990-6 93340